沈阳市哲学社会科学专项资金资助项目（课题编号：18WT006）

辽宁省教育厅科学研究资金资助项目（课题编号：lnjc202024）

技术创新方法普及路径与实践研究

武青艳　杨鑫　著

中国社会出版社

国家一级出版社・全国百佳图书出版单位

图书在版编目（CIP）数据

技术创新方法普及路径与实践研究/武青艳，杨鑫
著．－－北京：中国社会出版社，2022.9（2024.1 重印）
ISBN 978-7-5087-6821-2

Ⅰ.①技… Ⅱ.①武… ②杨… Ⅲ.①技术革新－研
究 Ⅳ.①F062.4

中国版本图书馆 CIP 数据核字（2022）第 149564 号

出 版 人：程　伟		终 审 人：陆　强	
责任编辑：马　岩		策划编辑：金　伟	
责任校对：卢光花		封面设计：宋晓璐	

出版发行：中国社会出版社	地　　　址：北京市西城区二龙路甲 33 号
邮政编码：100032	编 辑 部：(010) 58124836
网　　　址：shcbs. mca. gov. cn	发 行 部：(010) 58124864；58124836
	经　　　销：新华书店

印刷装订：河北鑫兆源印刷有限公司	开　　　本：170mm×240mm　1/16
印　　　张：10.75	字　　　数：171 千字
版　　　次：2022 年 9 月第 1 版	印　　　次：2024 年 1 月第 2 次印刷
定　　　价：68.00 元	

中国社会出版社微信公众号　　　　　中国社会出版社天猫旗舰店

前　言

科技创新支撑着国家的经济发展，而创新方法是科技创新的手段，也是科技创新的内容。TRIZ 理论作为一种先进的新型创新方法，是提升国家自主创新能力的重要武器，鉴于技术创新方法在国内的普及并未达到理想的状态，故有必要分析技术创新方法普及的理论、实施的规律，结合现实背景，提出有效的促进对策，以提升技术创新方法普及的效果，增强辽宁省的创新能力。

本书利用文献调查、个案调查、典型调查和访谈的方法，对国内外技术创新方法推广的情况进行了研究。首先，对国外技术创新方法的研究现状、TRIZ 理论的现代发展和局限进行研究，并以地方性知识和方法的理论分析各国技术创新方法的文化特征，确定技术创新方法在中国普及需要面对的文化差异问题。其次，分析国外技术创新方法推广的经验：高等院校成为创新方法研究和人才培训的必要场所，政府对创新方法的推广普及所提供的政策保证，民间组织在普及、提升创造力过程中发挥了重要作用，通过现代化的技术手段产生广泛影响。这些对于中国技术创新方法形成、发展和普及的启示是选择自主开发与引进、吸收、改良相结合的道路，重视形成中国地方性文化和地方性方法，重视创造理论探索和创造人格培养，学习国外技术创新方法推广的民间性和主动性。最后，分析全国技术创新方法推广试点省普及推广工作存在的如下特点：以政府为主导的优势十分明显。但也存在资金问题、师资问题，以及企业的推广应用问题等。而辽宁省 TRIZ 理论推广的现状为：对创新方法的普及的重要性认识不足、创新方法培训内容针对性差、培训方式落后，缺乏整体规划和有效的政策保障等问题，并且在全省范围开展有关创新方法的工作没有被列入议程。

结合辽宁省的实际情况，本书提出如下针对辽宁省技术创新方法普及的路径及政策建议：坚持创新方法先行的原则，充分利用辽宁省企业、高校、辽宁省科学技术协会、工会、社会学术团体和技术咨询机构良好的基础，调动多方的积极性；技术创新方法推广的战略是：技术创新方法普及应采取政府主导多种路径协同的模式；重在提高企业技术创新的实效；推广应先点后面，逐渐铺开；技术创新方法普及的内容模块化，以 TRIZ 方法为主，辅以其他创造技法。技术创新方法的普及既要有完成任务的路径和方法，也要有保障措施和对策。引入国外技术创新方法要关注方法的文化背景，技术创新方法推广组织建制合理化；技术创新方法培训团队本土化保证推广的长期性及有效性；从形象化入手，提高受众对技术创新方法的接受度；充分利用现代化的技术手段提高推广普及效果。

目　录

| 第一章 |
技术创新方法的研究综述

一、研究背景

21 世纪是技术创新层出不穷的时代，新科学、新技术的发展，带来了人类社会的不断进步。我国在经历了经济高速发展带来的巨大欣喜之余，国人也在冷静地对待目前国家发展中存在的明显问题，为今后国家发展方向作出理智、清晰的判断，而建设创新型国家是基于科学理论及目前全球形势的一个必要、明智的选择。

科技创新支撑着国家的经济发展，而创新方法是科技创新的手段，也是科技创新的内容。先进的创新方法是提升国家自主创新能力的重要武器，因此研究和掌握创新方法就显得尤为重要，我国能否续写过去的奇迹，与掌握先进的创新方法密不可分。

"自主创新，方法先行"，为了进一步提高我国及区域、产业、企业的自主创新能力，2008 年科学技术部、国家发展和改革委员会、教育部、中国科学技术协会 4 部门共同发布了《关于加强创新方法工作的若干意见》，从建设创新型国家的战略高度出发，提出了大力开展加强技术创新方法工作。创新方法是科学思维、科学方法和科学工具的总称，是自主创新的根本之源，自主创新活动的开展和区域创新体系的建立都离不开创新方法的推广和应用。辽宁省目前正全力实施"十四五"规划，努力把辽宁省建设成为我国创新发展的核心引领区和具有全球影响力的科技创新中心，成为经济、社会、生态全面协调可持续发展的区域。要有效推进这些战略目标的实现，推进创新方法工作是一项重要而又紧迫的任务，对从源头上提升辽宁省自主创新能力具有重大意义。

发明家式的解决任务理论（俄文：теории решения изобретательских задач，俄语缩写"ТРИЗ"，用拉丁语标音可读为 Teoriya Resheniya Izobreatatelskikh Zadatch，缩写为 TRIZ①。英文：Theory of Inventive Problem Solving，也有人缩写为 TIPS）是一种仅问世 70 多年的创新方法，被誉为苏联军队、工业、航空航天领域创新的"点金术"。虽然问世时间没有众多传统创新技法长，但是因其与众多现代设计方法、计算机软件技术等的集成融合，TRIZ 理论已成为一套系统化的、实用的解决发明问题的理论体系。

从 20 世纪 90 年代起，一些俄罗斯 TRIZ 专家就开始在美国推广 TRIZ 理论，并组成专门的公司推广该理论，进行培训、咨询，服务于美国的各个公司。美国的创造学大师乔治·普林斯曾经评价 TRIZ 理论，他说，没有见过任何另外的发明理论和方法能像 TRIZ 这样给人们提供这么丰富多彩的既实用又充满想象力的思考工具，TRIZ 不愧是一件瑰宝。欧洲也于 2000 年 10 月成立 TRIZ 协会 ETRIZA，旨在推进 TRIZ 在欧洲的研究和应用，并以皇家理工学院（Kungliga Tekniska Hogskolan，KTH）为中心，集中十几家企业开始实施利用 TRIZ 进行创造性设计的研究计划。而在德国，所有的世界 500 强企业都采用了 TRIZ 理论，如西门子、奔驰、宝马、大众、博世等著名公司都有专门机构及专人负责 TRIZ 理论的培训和应用。在我们的近邻韩国、日本，甚至于我国台湾地区，TRIZ 理论已经给众多企业带来了新的技术增长点，极大地加快了企业的自主创新，成为各自行业的领跑者。这样一种被全世界的发达国家和地区视为珍宝的创新方法，其意义的重大不言而喻。

为切实加强创新方法工作，从源头上推进创新型国家建设，根据科学技术进步法，科学技术部、国家发展和改革委员会、教育部、中国科学技术协会于 2008 年 4 月联合下发了《关于加强创新方法工作的若干意见》，并在部分省、自治区、直辖市开始试点。

---

① 根里奇·阿奇舒勒. 创新算法——TRIZ、系统创新和技术创造力［M］. 谭培波，茹海燕，Wenling Babbitt，译. 武汉：华中科技大学出版社，2008：10.

20 世纪 80 年代辽宁省高校曾在全国率先进行科技人员创新能力开发的研究和实践，最早翻译和出版了 TRIZ 等创新方法的书籍，并在企业和高校一直进行创新方法的推广普及。尽管影响范围有限，但应当说辽宁省具有技术创新方法普及的人才优势和先行经验。

总体上来说，从辽宁省范围开展有关创新方法的工作尚未全面展开，面对其他省市已经进一步推广的挑战，为了下一步工作顺利开展，有必要结合文件精神和试点省、自治区、直辖市的经验，先期进行研究，以利于制定科学的规划，提出有效的政策加以保证。

二、基本概念界定

（一）方法

西方语言中的"方法"一词，源于希腊文 μεταδος，μετα 表示"沿着"，οδος 表示"道路"；意思是"沿着"或遵循什么"道路"行进[①]。据陈寿灿[②]的考证可知，汉语中的"方法"一词最早出自墨子的《天志》，墨子在《天志》中说："中吾矩者，谓之方，不中吾矩者，谓之不方，是以方与不方，皆可得而知之，此其何故？则方法明也。"这就是有名的"方法"，为度量方形之法。在英语中用"method"一词表示"方法"，根据 Webster's New World Dictionary（Third College Edition）的解释，method 的含义为：（1）a way of doing anything; mode; procedure; process; esp. , a regular, orderly, definite procedure or way of teaching, investigating, etc. (2) regularity and orderliness in action, thought or expression; system in doing things or handling ideas. (3) regular, orderly arrangement. 而 methodology 的含义为：（1）the science of method, or orderly arrangement; the branch of logic concerned with the application of the principles of reasoning to scientific and philosophical

---

① 刘端直. 科学技术方法论初探 [J]. 天府新论, 1987 (5)：47 - 51.
② 陈寿灿. 方法论导论 [M]. 大连：东北财经大学出版社, 2007：1.

inquiry; (2) pl. a system of methods, as in any particular science. 方法是实践过程中最重要也是最基本的要素，是主体认识客体的桥梁和工具。

目前人们对"方法"概念的理解大体上包括以下几种：（1）方法是一种规则和标准；（2）方法是一种道路和途径；（3）方法是一种工具和手段；（4）方法是一种程序和结构；（5）方法是一种技巧和艺术。① 综合来看，可以将方法定义为：方法是有效、便捷地达到某种认识或实践目标的思路、程序、规则、手段和方式。

对于知识，人们根据不同的标准进行了分类。中国知识的分类基点是"人"，而非"自然"，按照事物对人的功用（礼仪的或实际的）来区分知识，把人的信仰伦理观念外在地同某些事物联系起来，再以之作为区分的依据，于是所谓吉凶、贵贱都成为分类的原则。② 由此看来，中国在知识划分方面沿袭了经世致用的功利性传统。西方是立足于"自然"，根据人与自然的主客二分思维来进行知识的划分，形成了主观知识与客观知识的两大基本类别，"主观知识是由某些天生的动作意向以及某些意向的获得改变所组成，或者说，是由一定方式行动、相信一定事物、说出一定事物的意向所组成。……客观知识是由说出、写出、印出的各种陈述组成，如科学知识是由问题、问题情境、假说、科学理论、论据等组成"。③ 哲学史依据自然与人、客体与主体的区别，将有关它们的哲学思考区分为理论知识与道德知识。在亚里士多德那里，后者被称为"实践知识"。康德继承了这种分法，使其哲学有着"纯粹理性批判"与"实践理性批判"两大基础部分，它们分别对应于科学与道德两大领域。④ 舍勒和哈贝马斯还针对实证主义的知识观的批判，解决实证主义知识观及其所倡导的科学知识和技术所导致的人的生存危机，提出了具有相同旨趣的知识类型。

此外，我们还可以将知识按照主体及观念的把握对象的方式划分为科学知识、审美知识和道德知识；按照认识对象将知识划分为自然知识、社会知识和道

---

① 李正风，尹雪慧. 创新的不确定性与创新方法研究的可能性 [J]. 创新方法，2009（1）：47 – 50.

② 吴刚. 知识演化与社会控制——中国教育知识史的比较社会学分析 [M]. 北京：教育科学出版社，2002：69 – 71.

③ 卡尔·波普尔. 客观知识——一个进化论的研究 [M]. 舒伟光，等译. 上海：上海译文出版社，2001：4 – 5.

④ 陈嘉明. 知识与确证：当代知识论引论 [M]. 上海：上海人民出版社，2003：28.

德知识，或科学知识与人文知识；按照知识的作用将知识划分为"知道是什么"的知识、"知道为什么"的知识和"知道怎么做"的知识；等等。

如果按照知识的作用进行划分，很明显"知识"中包含"知道怎么做"的内容。而当我们反观"方法"时，知道方法是人们从实践当中概括总结出来的能够有效、便捷地达到某种认识或实践目标的思路、程序、规则、技巧、手段和方式，是实践过程中最重要也是最基本的要素，是主体认识客体的桥梁和工具。其实"方法"就是解决"怎么做以及怎么做更好"的问题。这样，从"知识"与"方法"的含义中可以透视出二者之间的密切关系，二者在"怎么做以及怎么做更好"的内容上应该是共通的或相通的，只是"方法"包含在"知识"之中，是"知识"的内容之一。在这种意义上，可以说"方法是特殊的知识"。

（二） 技术创新方法

通过对科技史的考察，我们可以发现：实际上，人们在科学研究、技术发明、文学艺术创作等领域一直在有意或无意地运用创造技法。但真正把创造发明活动和发明成果作为研究对象并总结出一些有价值的东西，还要归功于专利制度的完善以及近现代心理学和教育学的发展。特别是近现代以来的科学技术突飞猛进地发展，为分析发明案例、总结发明家的创意思维过程提供了大量的素材，为提炼创造技法奠定了良好的基础。

创造技法是从创造发明的实践当中概括总结出来的一些规则、技巧和方法。[①] 它建筑在创造心理和认识规律的基础上，大多是以原则、诀窍、思路形式来指导人们克服心理和思维的消极定式，促进联想、想象和直觉等非逻辑思维，促进思维的灵活性、流畅性和独特性。[②] 创造技法渗透在科学研究、技术发明和文学艺术创作等领域中，在人们的创造力开发和创造性问题解决中起着重要作用。创造技法在各国的称谓略有不同，在美国称为"创造力工程"；在苏联称为"专家技术"或"创造力技术"；在日本称为"发想法"或"创造工程"；

---

① 傅世侠，罗玲玲．科学创造方法论［M］．北京：中国经济出版社，2000：445－446．

② 赵惠田，谢燮正．发明创造学教程［M］．沈阳：东北工学院出版社，1987：111．

在德国称作"主意发现法";在法国称为"创造工程技术方法"或"立意发想技法"。①

发明方法是指在技术发明过程中总结概括的发明技巧和程序,一般与专业知识和技能交织在一起,具有一定的灵活性和逻辑性,其灵活性体现在创造思维的作用方面,其逻辑性体现在技术专业知识结构方面。

创新方法是科学思维、科学方法和科学工具的总称。首先,科学思维的创新是科学技术取得突破性、革命性进展的先决条件。其次,科学方法的突破是实现科学技术跨越式发展的重要基础。最后,科学工具的创新是开展科学研究和实现发明创造的必要手段。

技术创新方法是科学思维、科学方法和科学工具之中的重要组成部分,主要是指在企业技术创新过程中产生技术发明和发明成果产业化商品化过程中形成和总结出来的创新方法,既包括具有广泛应用范围的创造技法,又包括具有专业深度的发明方法。

三、研究方法

(一) 调查方法

运用个案调查、典型调查加上访谈的方法,对我国技术创新方法(TRIZ 理论)推广的第一大省——黑龙江省进行实地调查。其中将黑龙江省科学技术厅、黑龙江省生产力促进中心作为以政府为主导的推广代表,东北林业大学作为高校的推广代表进行了调查及访谈。了解黑龙江省技术创新方法(TRIZ 理论)推广的详细过程及方法,推广过程中的重点及遇到的难题。并借出国和赴海外参加学术会议的时机,访问日本创造学会和中国台湾政治大学创新与创造力研究中心等学术机构,访谈关键人物,了解现状。

---

① 陈吉明.创造力开发与实践〔M〕.武汉:武汉理工大学出版社,2009:119.

（二）文献分析方法

运用文献分析和比较分析方法对各国 TRIZ 理论研究动态、推广应用模式和成功经验进行整理和分析。通过上网查阅文献，了解技术创新方法在国外和海外的推广普及情况，重点放在技术创新方法（主要是 TRIZ 理论）在国内的推广方面。特别是中华人民共和国科学技术部批准的试点省、自治区、直辖市对其的推广工作可以通过网络、书籍、电视等进行了解，利用这些媒体信息搜索相关的推广应用细节。本书通过对这些文献的收集和整理，与调查的个案（黑龙江省科学技术厅、东北林业大学、中国航空工业集团公司沈阳飞机设计研究所）进行对比、分析，研究这些省、自治区、直辖市、高校、企业在推广技术创新方法中所起的作用及优势，对隐藏在现象背后的问题加以剖析，运用系统工程理论思想，设计辽宁省推广应用技术创新方法的总体战略和重点任务，得出对辽宁省技术创新方法普及的政策建议。

第二章

国外典型技术创新方法及其文化特质

一、国外典型技术创新方法发展现状

目前，国际上总结出来的创造技法和发明方法有 300 多种，最具典型性的是美国的创造技法、欧洲的 TRIZ 方法和日本的创造发明方法。这些方法都具有独特的文化特质。

（一）美国创造技法的发展概况

19 世纪末 20 世纪初，科学技术不断发展，促使专利数量成倍增加。这使得有人可以大量地接触到一些发明方案，也就激发了"总结发明家富有创意的技巧并加以传授"的灵感。1906 年，专利审查人 E. J. 普林德尔（E. J. Prindle）向美国电气工程师协会提交了论文《发明的艺术》，不仅用事例说明发明的技巧，还建议对工程师进行训练。1928—1929 年，J. 罗斯曼（J. Rothman）对平均每人获得 39 项发明专利的 710 名发明家进行全面调查，并于 1931 年出版了《发明家的心理学》一书，其中也谈到通过方法训练促进发明的问题。

20 世纪 30 年代初，美国内布拉斯加大学教授 R. P. 克劳福德（R. P. Crawford）制定了"属性列举法"；1938 年时任美国 BBDO 广告公司副总经理的 A. F. 奥斯本（A. F. Osborne）制定了激发集体创造力的"头脑风暴法"，此外，他还制定了简便实用的"奥斯本检核表法"；1942 年瑞士裔美国天文学家 F. 兹维基

（F. Zwicky）在参与火箭研制过程中，借用排列组合原理制定了"形态分析法"；1944 年，美国麻省理工学院教授 W. J. 戈登（W. J. Gordon）有意识地记录下创新小组的讨论，并让创造者本人一边解决问题，一边自言自语，以考察创造发明的思维过程，从而制定了以隐喻类比为核心的"综摄法"；1958 年，美国海军特种计划局在研制舰载"北极星"导弹时提出"计划评审法"，第二次世界大战中美国陆军提出了"5W2H 法"，C. H. 赫瓦德（C. H. Hvard）制定了"焦点法"；热点公司（Hot Point）发明了"逆向头脑风暴法"；1946 年美国兰德公司提出"德尔菲法"。另外，还有"小组讨论法""快速思考法""缺点列举法""投入产出法"等。

（二）欧洲国家创新方法的形成与实践发展

1. 苏联创新方法的形成与实践发展

苏联关于创造学的研究与实践相对较早。1932 年成立了群众性的发明创造团体"全苏发明家志愿者协会"。后来，在国家发明和发现委员会统领下改名为"全苏发明家和合理化建议者协会"，这一群众组织拥有 1300 万名会员和 10 万个基层组织。另外，苏联还曾拥有 2 万个"社会设计局"，有 20 万名经验丰富的工程工艺专家在这里工作，专门为那些有创造构思但缺乏必要技术知识的组织或个人提供技术帮助。

苏联在世界创造技法的研究与实践中作出了巨大贡献。苏联学者彼得利斯在《发挥你的潜能》一书中就强调："发明是一种从偶然发现到对新技术问题有计划地精心研究的过程。现在人们越来越强调有关发明的方法，认为这种方法应该而且能够得到完善，必须教会人们如何去发明（事实上，人们已经这样做了）。"[①]

1946 年开始，由苏联发明家、发明家协会主席根里奇·阿奇舒勒（Genrich S. Altshuller）领导的由数十家大学、研究所和企业组成的研究团体，在研究了世界各国大量高水平专利的基础上，提出了一套具有完整体系的发明问题解决理论

---

① 彼得利斯. 发挥你的潜能［M］. 靳新中、李怀君，周建渝，刘明如，译. 北京：生活·读书·新知三联书店，1992：376 – 377.

和方法，即 TRIZ 理论。TRIZ 理论曾被苏联列为国家机密，禁止在国外传播和应用。它为第二次世界大战后苏联科学技术的突飞猛进立下了赫赫战功，极大地提高了苏联的自主创新能力，其自主创新成果令当时的西方发达国家望尘莫及。20世纪 80 年代中期，伴随着苏联当时的一些外籍科学家陆续迁徙海外，TRIZ 理论才逐渐浮出水面，被介绍、引进到其他国家。

1964 年苏联学者布什（Г. Я. Буш）提出"7 次探索方略"，他认为，发明思想有两个途径，一是逻辑的，一是直觉的。但"7 次探索方略"属于有条理的方法，主要立足于有魔力的数字 7，将发明过程分为 7 个阶段，问 7 个关键问题（与 5W1H 法类似），在下一层次的提问中还有 7 种类比、7 种战术手段，即 7 种转换方法等，布什在他的体系中共总结了 300 多种发明的措施。①

20 世纪 70 年代，苏联又出版了布什的《技术创造方法》（1972）、《发明奥义》（1973）和《科学控制发明的方法学基础》（1974）② 等专著，主要论述创造技法。

苏联政府重视大学生的创造力开发，在部分大学中开设了"科学研究原理"课（42 学时）和"技术创造原理"课（56 学时），同时鼓励学生进行设计，1985 年有 437 所高校设立了大学生设计局，参加的学生有 10 万多人，为社会作出了很多贡献。苏联还在一些高等院校和研究单位设立了具有专业性的创造学研究部门。

2. 英国促进创造力研究与实践的发展

20 世纪 60 年代以来，受美国创造力开发的影响，英国从设计方法入手开始探讨发明创造。1962 年在英国伦敦召开了第一届"设计方法大会"（Conference on Design Methods），揭开了发明创造技巧的现代实用阶段。1965 年在英国伯明翰召开了"设计方法大会"（The Design Method），1967 年在英国朴次茅斯召开了"建筑设计方法大会"。1968 年以来，爱德华·德·博诺（Edward de Bono）提出"横向思维"理论，还设计出一套创新思维训练课程，并在中小学得到广泛应用与推广。

---

① P. 3. 吉江. 发现与发明过程方法学分析 [M]. 徐明泽，魏相，译. 广州：广东人民出版社，1988：149－164.

② 赵惠田，谢燮正. 发明创造学教程 [M]. 沈阳：东北工学院出版社，1987：453.

20 世纪 70 年代，英国创造学得到进一步发展。以"设计"为核心，相继召开了一系列创造学会议。1971 年，在曼彻斯特召开"参与设计"会议；1972 年，在伯明翰召开"设计与行为"会议；1973 年，在伦敦召开"设计活动"会议。这些会议有力地推动了创造学在英国的发展。1972 年以来，英国曼彻斯特工商管理学院开设"创造性与创新"课程已有 50 年，始终将创造创新思想与教育教学有机地结合起来。为加快英国创造力开发的自主性与绩效性，1976 年，在伦敦召开了"变革中的设计"会议，在伯明翰召开了"设计与工作"会议。1980 年，英国在朴次茅斯召开了关于"设计、科学、方法"等有关会议，其间发表了相当数量的专著、论文，并专门就创造性设计的方法与理论进行了广泛、深入的讨论。同时，在许多大学、中学开设创造设计课。1992 年，英国曼彻斯特工商管理学院创办了《创造性与创新管理》杂志，再一次体现了该校坚持创造力研究的方向。

3. 德国促进创造力研究与实践的发展

1945 年，德国格式塔心理学家 M. 维特海默（M. Wertheimer）出版了《创造性思维》一书，分析了儿童、成人和名人等的创造性思维，从创造的思维过程、创造思维功能与创造问题提出等方面阐述了创造的重要意义。从此，德国创造力研究引起更多人的重视。

自美国创造技法引入德国以后，为适应德国人的思维方式，对所引进的创造技法进行了改造。鲁尔巴赫（Rohrbach）将"头脑风暴法"改造成"默写式头脑风暴法"（635 法）；将"综摄法"改造成"视觉综摄法"，并与图像一起使用，产生隐喻类比。在亚琛工业大学，柯勒以物理算法为核心创制了变换合成方法。J. 舒尔茨（John Seborz）制定了"自律训练法"，相当集中精确。1953 年，F. 汉泽制定了"概念组织法"；1970 年，N. 缪列尔（N. Myrdal）制定了"系统创造法"；1971 年，K. 托马斯（Tomas Kize）制定了"使用价值分析法"；等等。这些创造技法的出现有力地促进了德国创造力研究的热情。20 世纪 70 年代，霍斯特·格什卡（Horst Geschka）在巴特尔研究所创办了创造力研究室，与同事们一起研究 40 多种技法及其应用。1976 年，M. 威托克（M. Venclexta）探讨了"学校教学中的创造力和解题问题"。创造学研究中心巴特尔研究所也提出了一系列研究成果。1983 年，格什卡又建立了一家企业创造力开发咨询公司，1991

年被聘用，担任达姆斯塔德技术大学"创造力与创新"课程的教学工作。1993年，在达姆斯塔德市召开"第四届欧洲创造力与创新大会"，格什卡担任主席，并宣告"欧洲创造力与创新协会"成立。这次会议有力地推动了创造力研究在德国的广泛关注，从而形成了以格什卡为首的"达姆斯塔德激励创造力俱乐部"。俱乐部成立后，广泛地开展了创造学普及与教学活动。2002年，俱乐部更名为德国创造学会。

在欧洲较注重创造力研究的还有法国、匈牙利、波兰和保加利亚等国。1969年，法国开始介绍美国创造学研究的成果，随后进行了一系列实验研究。匈牙利学者主要是在小学和中学，将语言和其他科目结合起来进行创造力训练。1978年，波兰在绿山省创办发明家学校，从工厂和中专学校里选拔革新能手。教学内容以实用技法为主，教授与经理授课，毕业学生为波兰带来了极大的经济效益。20世纪60年代，保加利亚学者在总结前人成果的基础上，制定了暗示教学法体系，同时在许多学校进行暗示教学法实验，取得了良好效果。除此之外，荷兰、希腊、意大利、罗马尼亚、西班牙、瑞士等国也作出了一定贡献。

（三）日本创造技法的发展概况

日本创造学研究的兴起和发展为创造技法的研究和推广搭建了良好平台。

日本关于创造学的研究至少可以追溯到1913年，开始于对创造教育的研究。大正二年（1913）十一月，日本的《内外教育评论》中登载了教育家稻毛诅风的论文《创造本位的教育观》，这是关于创造教育最早的日语文献。后来又出版发行了《创造教育论》（1923）等3本专著。

进入20世纪20年代后，日本在创造学研究方面大量翻译相关理论书籍。同时，也有一批实际工作者将创造学理论运用到生产和教育实践中去，收到较好的社会效果。还有许多人在翻译、介绍西方创造性研究成果的基础上，结合科学技术史上的创造性研究方面的事例进行了独立研究，先后出版了有关创造力开发方面的著作，其中市川龟久弥的《独创性研究的方法论》对日本特色的创造学发展较有影响。尽管这一时期日本在创造学理论研究方面还不够深入，但创造学研究的种种尝试，却为以后的创造学发展起到了良好的启蒙、引导作用。

　　第二次世界大战后，日本迅速发展科学技术，创造学研究又扩大了研究范围，开始关注实用创造研究即技术发明和创新研究，试图通过研究技术发明、创新过程中的创造力开发途径和方法，提高从业者的创造力，以促进日本科学技术与经济的发展。出现了一些日本人的研究成果，如《艺术形象的心理》（相良守次，1954）、《创作方法与创作体验》（中野重治、椎名麟三，1954）、《独创性开发及其技法》（上野阳一，1957）、《创造性开发》（恩田彰、野村健二，1964）、《集会学》（川喜田二郎，1964）、《思考工学入门》（中井浩，1964）、《技术者的创造性开发与训练》（中山正和，1965）、《工学的创造性学习法》（高桥利卫，1965）等。此外，1954 年，日本开设"星期日发明学校"（利用星期日向学员，主要是中下层职工及家庭妇女传授并结合企业实际促使学员掌握创造技法）；1958 年成立了以高桥诚为代表的日本独创性协会；1963 年《创造性研究》杂志创刊发行。

　　从 20 世纪 60 年代中后期到 80 年代，日本的创造学研究与实践进入繁荣发展时期，同时也步入了日本在创造学研究与实践方面的独立发展时期，具体表现为以下几方面。

　　第一，日本出现了许多创造学研究机构和企业中的创造发明组织。其中国家级研究机构有川喜研究所、产业能率大学创造性开发中心、东京工业大学、东洋大学、创造工学研究所、系统研究中心、同志社大学、富士通国际情报社会科学研究所、创造力开发研究所、日本创造学会等。另外还有团体研究机构，如日本生产总部、科学振兴基本问题特别委员会、东京创造性恳谈会、未来技术研究协会、研究开发中心、以市川龟久弥教授和汤川秀树教授为中心的创造性研究会（后改名为等价变换创造学会）、以川喜田二郎为首的思维工程协会（后改名为 KJ 法学会）、以恩田彰教授为核心的行为科学研究所和创造性研究会等。更重要的是，很多企业也都成立了相应的创造机构，或在其内部设立"创造发明委员会"，或设立"创造发明小组"。企业中的这些创造发明组织通过开展群众性的"创造发明设想运动"极大地激发了人们的创造热情，也为公司带来巨大的经济效益。

　　第二，创造学研究和实践者日益增多。如西崛荣三郎、国立教育研究所的板仓圣宜、东京工业大学的森政弘等人从事创造技术与创造性的研究；今野正、茅野健、汤川秀树、渡边格等人致力于创造性一般原理的研究；米泽弘、渡边茂等人热衷于发现论一般原理的研究；北川敏男等人专注于创造工学（包括设计论）

的研究；菊池诚等人执着于肖克利等人的发明发现过程以及创造机制的研究；饭田真、中井久夫、福岛章等人埋头于神经结构与心理结构相关关系的研究；佐藤三郎、恩田彰等人献身于创造性及其教育研究；市川龟久弥、川喜田二郎、片方善治、中山正和高桥诚等人钻研创造技法及其推广普及……这些创造学研究者在研究旨趣方面虽各自有所偏重，但也有相互交叉之处。

第三，创造学的理论研究和实践成果丰硕。正是由于这些创造学研究者的努力，这一时期无论在理论研究还是在实践方面都取得了丰硕成果。其一，出版了很多颇具理论深度的思想著作。如《有创造性的人》（汤川秀树，1966）、《创造性教育》（恩田彰，1967）、《发想法》（川喜田二郎，1967）、《有意义的创造》（汤川秀树、市川龟久弥，1967）、《创造性科学》（市川龟久弥，1970）、《问题解决学》（川喜田二郎，1970）、《创造性开发的技法》（片方善治，1970）、《创造性开发》（恩田彰，1971）、《创造性的心理学》（黑田正典，1971）、《创造工学》（北田敏男，1971）、《发现的逻辑》（米泽弘，1975）、《创造工学》（市川龟久弥，1977）、《独创的精神》（川上正光，1978）、《天才的秘密》（伊东高丽夫，1979）、《发想术》（高桥浩，1979）、《捕捉创造的瞬间》（高桥诚，1982）、《问题解决方法的知识》（高桥诚，1984），等等。其二，创造学的推广、教育取得了良好社会效果。创造学在这一时期备受关注，许多工作得到政府的支持，从而在日本国内掀起了"全民皆创"的全民族开发创造力的种种热潮：如改革教育思想，在大中小学开展创造教育；公司在选拔人才时把创造能力作为用人的首要标准；1981年10月日本东京电视台创办了"发明创造"节目；1954年开设的"星期日发明学校"在这一时期已经比较普及，在东京、大阪等32个城市成立43所"星期日发明学校"，有相当一批小发明是在这种学校形成的。

进入20世纪90年代，日本的创造学研究、教育及其实践继续发展，不但依然关注国际创造学研究与实践，同时还将国际成果与本国实际联系起来进行研究，进一步拓展和深化了创造学的研究和实践，出现了一系列的理论成果，如《创造力事典》（高桥诚主编，1993；后来由于补充了新内容，2002年又出版了《新编创造力事典》）、《日本的"创造力"——使近现代繁荣的470人》（富田仁，1993）、《禅与创造性》（恩田彰，1995）、《发想的瞬间》（高桥诚，1996）、《创造技法的分类与有效性研究》（高桥诚，2001）、《创造力育成的方法》（塚本真也，2003）、《图解 TRIZ/USIT——开发技术者创造性的划时代方法》（粕谷茂，2006）、《创意达人的笔记本活用术》（樋口健夫，2009）等。与此同时，日本创造学会还在 1997 年创办了高质量的期刊——《日本创造学会志》，每年出版一期。另外，许多创造学研究实践者通过各种途径研究推广创造技法。

通过对日本创造学历史的追溯可知，正是扎实而充分的创造学研究与实践为日本创造技法的研究和推广搭建了良好平台，营造了良好氛围，推动了创造技法的产生和发展。

（四）　其他国家创造发明方法的研究

（1）加拿大有许多学者热心于创造学发展与研究，创造学内容涉及教育、工业、科技等诸多领域。20 世纪 60 年代，H. 塞里埃（H. Serie）利用睡眠时的潜意识，在加拿大蒙特利尔大学制定了"睡眠思考法"。1967 年，蒙特利尔大学开设创造性解题课程，课程内容丰富，领域广泛，针对性较强。同时，还创办了创造力研究实验室。1970 年，魁北克大学的创造技法教学与视听课程进行了结合；1975 年开设多种创造性解题课程，以开拓学生创造性思维。

（2）韩国对创造力研究十分活跃，尤其是从 20 世纪末以来，韩国政府倡导全国性创造活动，以提高民族的创新力。与日本相仿，韩国政府将每年 5 月 19 日规定为韩国发明日。2001 年召开了发明日纪念大会，总统金大中强调，要营造全社会崇尚发明、尊重发明家的氛围。这一召唤使韩国形成了发明创造热潮，同时将每年的 5 月定为韩国发明月。

（3）其他发展中国家，如埃及、印度、委内瑞拉等国也十分注重创造力开发研究。埃及学者主要注重学校在创造力开发中的作用。至 1974 年，印度学者已开展 75 项研究，内容涉及创造力测量，个人、社会与环境因素对创造力的影响，创造力与个性、智力、成就之间的关系，创造力训练以及对跨文化的创造力进行比较研究等。在委内瑞拉，政府通过法律形式硬性规定每所学校要开设"思维技术"课。1979 年，在中央政府与教育部并列设立智力开发部，同时，在学校中应用德·博诺思维训练法及相关教材进行创造力开发。到 1981 年，有 4 万多名受过训练的教师对占全国一半的小学生共 120 万人进行创造思维训练，取得了创造力开发的成功。除此之外，还有泰国、墨西哥、巴西、南非等国在创造学领域也作出了各自的贡献。

二、TRIZ 方法的现代发展和局限

（一）TRIZ 方法的理论体系和工具

TRIZ 含义即发明问题解决理论，它是由苏联工程师、发明家、发明家协会主席根里奇·阿奇舒勒领导的由数十家大学、研究所和企业组成的研究团体，提出的一套具有完整体系的发明问题解决理论和方法。

发明的措施是措施与必要的知识、规定的组合。阿奇舒勒曾用建筑物来做比喻。他将简单措施比喻为最基本的建筑元件——砖瓦，把成对措施比喻为建筑构件，如预制板之类，成组措施相当于房屋，可以作为一个独立的建筑单位。因此，各种技法、技能、思路作为某种成组措施会被独立提出并赋予名称。

1. 技术系统进化理论

技术系统的进化模式是 TRIZ 理论的基础，该模式包含用于工程技术系统进化的基本规律，理解这些模式可以帮助人们形成对问题发展轨迹的总体概念，得到对其发展前景的正确判断，从而提高人们解决问题的能力。任何领域的技术产品都与生物系统一样，存在着产生、生长、成熟、衰老和灭亡的产品进化规律，掌握了这些进化规律，人们就能能动地进行产品的创新设计开发并能预测产品的未来发展趋势。就像伴随着人类历史发展的计算技术一样，先是算盘的发明、推广和广泛运用，达到珠算技术的成熟。但随着计算机的出现，由于技术有了革命性进展，珠算技术也就走向衰老和灭亡。

阿奇舒勒的技术系统进化理论可以与自然科学中的达尔文生物进化论和斯宾塞的社会达尔文主义齐肩，被称为"三大进化论"。TRIZ 的技术系统八大进化法则分别是：①技术系统的 S 曲线进化法则；②提高理想度法则；③子系统的不均衡进化法则；④动态性和可控性进化法则；⑤增加集成度再进行简化法则；⑥子

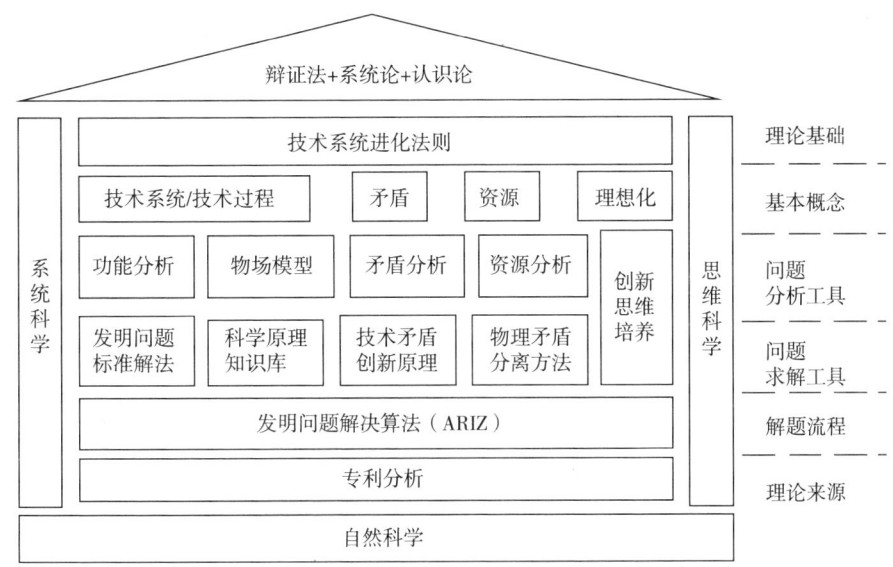

图 2-1　TRIZ 方法体系

系统协调性进化法则；⑦向微观级和场的应用进化法则；⑧减少人工进入的进化法则。技术系统的这八大进化法则可以应用于产生市场需求、定性技术预测、产生新技术、专利布局和选择企业战略制定的时机等。它可以用来解决难题、预测技术系统，产生并加强创造性问题的解决工具。

2. TRIZ 法分析工具：矛盾冲突分析

所谓物理矛盾是指为了实现某种功能，一个子系统或元件应具有某种特性，但该特性出现的同时会产生与此相反的不利或有害的后果。

物理矛盾一般来说有两种表现：

一是系统中有害性能降低的同时导致该系统中有用性能的降低；

二是系统中有用性能增强的同时导致该系统中有害性能的增强。

解决物理矛盾的方法是时间分离、空间分离、条件分离、整体与部分分离。

技术矛盾表现为以下方面。

（1）在一个子系统中引入一种有用功能后，会导致另一子系统产生一种有害功能，或加强了已存在的一种有害功能；

（2）一种有害功能会导致另一子系统有用功能的削弱；

（3）有用功能的加强或有害功能的削弱使另一子系统或系统变得复杂。

TRIZ 理论通过对百万件专利的详细研究，提出用 39 个通用工程参数来描述技术矛盾。在实际应用时，首先要把组成矛盾双方的性能用该 39 个通用工程参数来表示，这样就将实际工程技术中的矛盾转化为一般标准的技术矛盾。TRIZ 理论研究人员在对全世界专利进行分析研究的基础上，提出了 40 项解决技术矛盾的发明创新措施（也被称为发明创新原理）。

3. 40 项发明创新措施

阿奇舒勒对大量的专利进行了研究、分析和总结，提炼出了 TRIZ 中最重要的、具有普遍用途的 40 项发明创新原理，如表 2-1 所示。

表 2-1 40 项发明创新原理（发明创新措施）

序号	原理	序号	原理	序号	原理	序号	原理
1	分割	11	预补偿	21	紧急行为	31	用多孔材料
2	抽出	12	等势性	22	变害为利	32	变色
3	改变局部品质	13	反向	23	反馈	33	同质
4	非对称	14	曲面化	24	中介物	34	抛弃与修复
5	组合	15	动态化	25	自服务	35	参数改变
6	多用性	16	过度作用化	26	复制	36	状态转换
7	嵌套	17	维数变化	27	物体替换	37	热膨胀
8	质量补偿	18	振动	28	机械系统替换	38	运用强氧化剂
9	预先反作用	19	周期性作用	29	气动或液压结构	39	惰性环境
10	预先作用	20	持续性	30	灵活的隔膜或薄片	40	复合材料

4. 39 个工程参数及阿奇舒勒矛盾矩阵

在对专利研究中，阿奇舒勒发现，仅有 39 个工程参数在彼此相对改善或恶化，而这些专利都是在不同的领域内解决这些工程参数的冲突与矛盾。这些矛盾不断地出现，又不断地被解决。由此他总结出了解决冲突和矛盾的 40 个发明创新原理。之后，将这些冲突与冲突解决原理组成一个由 39 个改善参数与 39 个恶化参数构成的矩阵，矩阵的横轴表示希望得到改善的参数，纵轴表示某技术特性改善引起恶化的参数，横纵轴各参数交叉处的数字表示用来解决系统矛盾时所使用创新原理的编号。这就是著名的技术矛盾矩阵。技术矛盾矩阵为问题解决者提供了一个可以根据系统中产生矛盾的两个工程参数，从矩阵表中直接查找化解该矛盾的发明原理来解决问题的方法。

5. 发明问题的标准解法

标准解法是阿奇舒勒于 1985 年创立的，共有 76 个，分成 5 级，各级中解法的先后顺序也反映了技术系统必然的进化过程和进化方向，标准解法可以将标准问题在一两步中快速进行解决，标准解法是阿奇舒勒后期进行 TRIZ 理论研究的最重要的课题，同时也是 TRIZ 高级理论的精华。标准解法也是解决非标准问题的基础，非标准问题主要应用 ARIZ 来进行解决，而 ARIZ 的主要思路是将非标准问题通过各种方法进行变化，转化为标准问题，然后应用标准解法来获得解决方案。

6. 科学效应和现象知识库

科学原理，尤其是科学效应和现象的应用，对发明问题的解决具有超乎想象的、强有力的帮助。应用科学效应和现象应遵循 5 个步骤，解决发明问题时会经常遇到需要实现的 30 种功能，这些功能的实现经常要用到 100 个科学效应和现象知识库。

（二）TRIZ 理论的现代发展

从 TRIZ 的早期理论自身逻辑性和理论实践者的反映来看，这一时期的 TRIZ 理论结构松散、复杂，各种方法和工具之间存在大量重叠交叉现象。这种状况给推广者和学习实践者带来了诸多不便，因此，必须对其进行发展、简化和完善。发展、简化和完善 TRIZ 理论的工作从 TRIZ 理论走出国门开始一直到现在不断地进行着，并且还将继续下去。

目前，从 TRIZ 理论的现代化成果看，阿奇舒勒提出的 TRIZ 理论基本原理并未发生根本性变化，主要是针对 TRIZ 理论存在的一些缺陷进行了改进和完善。其现代化的主要内容，可以总结如下。

1. 技术进化理论的发展

近年来，实业界与学术界对 TRIZ 技术系统进化理论的关注日益增多，学者们先后发展出技术进化引导理论①、定向进化理论②、技术进化定律③等新兴TRIZ 技术进化理论，一些 TRIZ 理论专家则对 TRIZ 技术进化理论的应用方法展开了详细的研究与论述④。

2. 集成工具

发展集成工具使得所有创新问题可以采用相同的处理路径；研究开发新的TRIZ 理论工具，使 TRIZ 理论支持创新问题解决的各个阶段，例如问题分析和格式化，功能分析和裁剪效果测试、执行等；进一步结构化和扩展 TRIZ 理论知识效应库，增加信息技术和生物技术成果；推出结构严谨、包容广泛的 ARIZ 新版本。

3. 更新冲突矩阵

Creax 公司和 II 公司的科学家更新了面向工程领域的冲突矩阵，使通用技术参数增加到 48 个，补充了 37 个组合创新原理，与特定问题的联系更紧密，应用起来更方便。而且，面向软件领域和商业领域的矩阵也在发展之中。

4. Triads

RLI 公司的 Leonardo da Vinci 分部对物质场分析模型的不完备性，提出了新物质场三元分析法（Triads）。另外，该公司还开发了 8 个问题解决算法，用于简化古典 ARIZ 问题的解决步骤。

5. 预期失效判定新工具

Ideation International 公司开发了预期失效判定新工具用于分析、预测和消除系统、产品和工艺中可能的失效机理，以及直接用进化模式来描述技术系统演化模式。

6. TRIZ 理论与计算机辅助创新技术

TRIZ 理论仍在不断发展中，随着信息技术的不断发展，一门以发明创造问题解决理论（TRIZ）为基础，结合现代设计方法学、语义处理技术、专利分析技术、多领域科学知识以及计算机软件技术等综合而成的新兴技术——计算机辅

① 黄庆，周贤永，杨智懿. TRIZ 技术进化理论及其应用研究述评与展望 ［J］. 科学学与科学技术管理，2009，30（4）：58 - 65.

② 同上.

③ 同上.

④ 同上.

助创新技术 CAI（Computer Aided Innovation）已经出现，并迅速在国内外开始推广应用。在这方面走在最前列的是亿维讯集团（IWINT, Inc.），该公司作为全球计算机辅助创新（CAI）的技术领导者，长期致力于创新理论体系和创新方法学的研究和培训。在知识爆炸的时代，要掌握大量的专利文献和学科研究的前沿十分困难，CAI 能帮助人们学习和应用 TRIZ 理论，综合、积累相关知识，分析、求解创新问题，快速地帮助人们运用 TRIZ 理论得出问题的领域解，并提出问题的建议方案。

7. DAOV 产品研发流程

DAOV 是一种以矛盾为核心的创新方法论，是一种分析和解决问题的流程。DAOV 认为矛盾是一切问题的根源。它以 TRIZ 理论为核心，通过彻底消除矛盾来提高产品的理想度，从而提升客户满意度，提高市场占有率，改进企业绩效。因此，它是一种面向客户、面向企业战略目标的自上而下的企业管理策略。

DAOV 是定义（Define）、分析（Analyze）、优化（Optimize）、验证（Verify）的缩写。DAOV 分为 4 个阶段、12 个步骤。

Define：定义阶段

确定需要解决的问题，确定项目的边界、资源和计划，得到公司相关高层的支持。包括 3 个步骤：项目来源、验收标准和审批立项。

Analyze：分析阶段

通过对技术系统的功能和结构分析，找到导致问题的矛盾，设定解决方案的 IFR（最终理想解），列出可资利用的资源，从而得到解决问题的方案。包括 4 个步骤：功能成本分析、三轴分析、问题求解、知识库分析。

Optimize：优化阶段

对分析阶段得出的诸多方案进行筛选，选出在质量、成本和可实现性等方面最优的方案。包括 2 个步骤：概念列表和方案选择。

Verify：验证阶段

确定方案的详细参数，通过实验进行批量生产，完成知识产权相关文档的撰写，对项目预期目标进行核算、项目收尾。包括 3 个步骤：实验验证、结果评估、项目验收。

（三）TRIZ 方法的局限性

TRIZ 理论方法是一种在前人创新成果与创新方法基础上的提升和集成，科学地揭示了创造发明的内在规律和原则。它着力揭示系统中存在的矛盾，而不是逃避矛盾，其目标是不折不扣地完全解决矛盾，获得理想化的最终结果，而且它是基于技术的发展进化法则研究整个设计与开发过程，有强大的效应知识库、创新方案库及专利知识的支持，在已有的技术发明创造方法中极具优势地位。尽管如此，TRIZ 理论还是有其自身的局限性。

1. TRIZ 理论方法过于繁复

TRIZ 理论方法采用一整套独特的科学思想和方法，人们要经过一定的学习和培训，才能掌握 TRIZ 理论方法。"TRIZ 理论能帮助思考，不能代替思考"。总之，TRIZ 理论方法的特征是抛开主体各种非理性的思维过程，从技术专业化、逻辑化方面深入，并通过计算机技术的支持达到对技术问题的深入分析和解答，可以称作一个人工的创造系统工具。① 不过，究其方法论，与认知科学的人工创造性的研究进路有着巨大的区别，"人工创造性的目标是，通过对什么是自然创造性的洞察，得到创造性可能是什么的答案。"② 其研究方法论，是模拟主体的自然创造性，而 TRIZ 理论则是客观主义的工具论。无论是从管理矛盾深入到技术矛盾，还是从技术矛盾深入到物理矛盾，都是典型的功能分析的进路。③ 逻辑的技术发明方法的优势是剖析问题的专业性和知识系统性，越是逻辑化的，越具有可操作性。问题是，创造不是纯逻辑过程，逻辑化的程序运用能否还原创造过程？由于科学发现的逻辑性高于技术发明和艺术创作的逻辑性，所以，科学发现的逻辑成为科学方法论中重要的内容，而技术是不同于科学的现象，技术的默会知识、技术发明与社会环境的需要之间互动的复杂性，人所创造的人工物的非自然性所体现的更强的主观意愿性，都使技术发明过程逻辑化的危险性要强于科学发现过程的逻辑化。"问题在于对课题分析得越深入、越详尽，适用的解题思路

① 迈克尔·A. 奥尔洛夫. 用 TRIZ 进行创造性思考实用指南 [M]. 陈劲，朱凌，郑尧丽，译. 北京：科学出版社，2010：V.

② SAUNDERS R. How to Study Artificial Creativity [J]. C&C'02, 2002 (10)：14 – 16.

③ 潘恩荣. 走向工程设计哲学 [J]. 自然辩证法研究，2009 (12)：61 – 67.

的探索范围就越狭窄。"①

2. TRIZ 理论使用者主观上排斥想象、灵感、顿悟等非逻辑思维因素

TRIZ 理论的创立者阿奇舒勒曾说,在发明创造活动中,"你可以等待 100 年获得顿悟,也可以利用这些原理 15 分钟解决问题"。② 也有人认为:应从漫无边际的发散思维和排列组合的"试错法"发明方式,转向按程序步步逼近的逻辑方式找到准确的答案。如同代数学的解题思路一样,实现解决发明问题的有序、快速和高效。80% 的发明问题属于 TRIZ 标准问题,一旦熟练掌握 TRIZ 理论方法,一两步就能实现快速解题,而不再需要去一味等待令人难以驾驭的灵感和顿悟的降临。③ 这样的观点都是从主观上排斥想象、灵感、顿悟等非逻辑思维因素。从根本上说,这种思想倾向不仅不利于技术发展,反而还会阻碍技术的发展。因为一个民族要想在国际竞争中立于不败之地,不能没有发达的技术,但更不能缺乏的是先进的科学。从科学和技术的关系看,科学是技术发展的源泉和基础,如果没有科学,那么技术发展就成为无本之木、无源之水。而对科学创造来说,想象、灵感、顿悟等因素往往给人们带来意外惊喜,并因此受到科学创造者的偏爱。

中国著名的方法论专家洪允楣很形象地将此局限性形容为"两位阿奇舒勒",一位是发明家阿奇舒勒,强烈地倾向于思维的灵活性;而另一位是发明方法教师阿奇舒勒,提出许多规律、法则、规则、原理、程序和算法,将发明过程逻辑化。两个阿奇舒勒在打架。为了让 TRIZ 理论容易学习,他大胆构思,发明了一整套公式,可按公式发明,又消灭创造性。④

3. TRIZ 理论体系尚不完善

很多 TRIZ 工具没有集成为一个整体系统,也没有就如何选择特定工具来为解决特定问题给出清晰建议;面对"能量场应用越来越多,而机械特征相对减弱,设计中的风险和安全受到更多关注"的新变化,TRIZ 理论本身对如何确定冲突未给出操作性强的方法;缺乏描述信息技术和生物技术的效应;TRIZ 使用

---

① P. 3. 吉江. 发现与发明过程方法学分析 [M]. 徐明泽、魏相,译. 广州:广东人民出版社,1988:337.

② 杨清亮. 发明是这样诞生的:TRIZ 理论全接触 [M]. 北京:机械工业出版社,2006 (7):234.

③ 张武城. 技术创新方法概论 [M]. 北京:科学出版社,2009 (1):151.

④ 洪允楣. TRIZ (萃智) 的内在矛盾——TRIZ (萃智) 理论小品五篇 [EB/OL]. [2011 – 05 – 09]. https://wenku.baidu.com/view/ef32e93343323968011c92c2.html.

步骤冗长，产生的解决方案可选择性不强；物场分析模型不完备，有时不能得到理想的解决方案等。①

这一局限性的解决，主要需要依靠世界各国研究 TRIZ 的专家学者对各种发明创造成果（既包括以前的成果，也包括最新的成果）和 TRIZ 理论方法继续进行广泛深入的研究，从而不断推动该理论体系进一步充实和发展。这一实践随着TRIZ 理论走向世界后就不断地进行着。正如前文所述，TRIZ 理论的现代化从很多方面充实完善了原来理论中的不足之处。这些做法可以在很大程度上克服理论体系不完善的局限性，但依然存在问题，需要各领域的研究者进一步思考，如TRIZ 理论的现代化目前是否已经完善，这些现代化成果是否已经完美，还有哪些内容需要进一步改进，等等。

三、国外典型技术创新方法的文化特质

（一）美国创造技法的实用主义和科学主义文化特质

美国创造技法最早源于实业界对经验的总结，如奥斯本的头脑风暴法。后来心理学界的学者与实业界的经验相结合，形成了美国独特的创造方法。对人自身心理的认识、对心理环境的认识及实用传统，共同构成了美国创造技法重视调动创造主体的内在潜能的特点。如头脑风暴法就是通过优化外部心理环境，促进创造主体积极想象的方法。美国的创造技法还经常将艺术创造的方法，如隐喻、移情等频繁地运用于科技创造领域，并且赋予了它们以新的内容，显示对非逻辑思维方法的无比重视，而这正打破了以往的科学方法论只单纯重视逻辑方法的常规。如哈佛大学戈登教授发明的综摄法中大量运用隐喻，其作用首先就是促使在心理上容忍不相关事物之间的类比。这些方法在艺术、技术与科学创造之间都是类似的。

---

① 熊开封，张华，崔鹏. 我国 TRIZ 理论研究综述［J］. 包装工程，2009（11）：221－223.

从文化渊源上分析，美国创造技法的形成则可以追溯到实用主义传统。威廉·詹姆斯（William James）的《实用主义》是一本决定美国人行动准则的书，是美国的半官方哲学。实用主义把实证主义功能化，强调生活、行动、事实和效果；把知识视为"行动的工具"。因此，创造技法最早在功利色彩鲜明的美国实业界兴起也是不足为奇的。江怡认为，20 世纪 50 年代以后，美国接受了以逻辑实证主义为代表的欧洲分析哲学，但"实用主义传统并没有被放弃，而是作为一种哲学思维方式融入分析哲学"①。

不过，美国创造技法除了具有实用的特质，美国创造力研究领域还呈现出学院派的科学主义的传统，出现了以思维科学和认知科学的理论为基础的创造力培养方案和课程，强调与专业结合的解题策略训练，典型的如斯坦福大学的"视觉思维训练"和纽约州立大学布法罗学院的"创造性解题训练"。但是这些解题方法都不是针对技术体系的发展逻辑来展开的，与欧洲传统有着很大的区别。

美国创造技法传入中国，其实用主义与中国重"术"轻"道"的功利传统应当有所契合，所产生的不适应征候主要体现在美国科学主义的心理操作的方法还不被中国人所完全领悟。

美国创造技法的优势是，运用创造心理学和认知心理学的原理，重新建构了实用创造方法，科学地调动右脑功能的视觉－空间形象来获得结果的创造性，适时引导非逻辑的跳跃，运用各种联想，促进表象的重组和联结。阿奇舒勒明确地指出："'纯心理学'方法是无视于技术体系发展的客观规律的存在。"②

心理方法的灵活性与科学的操作程序安排结合，对于习惯隐晦地表达见解的中国人来说，必然存在文化障碍。在注重心理环境营造的美国使用者那里驾轻就熟的题目，转换到中国后就失去了所依赖的心理环境；对认知科学没有充分理解的中国使用者在操作创造技法的程序时，操作步骤背后的科学内容消失了，走样和失灵是常态，而且越是年龄大的主体，应用的效果越差。

学习美国的创造方法，需要推广者具有心理学的知识背景和创造性的人格特征，能将这种生于美国文化土壤中的方法了然于心，才能按照心理操作的步骤，

---

① 江怡. 美国实用主义哲学现状及其分析 [J]. 哲学动态, 2004 (1): 27 – 31.

② Г. С. 阿里特舒列尔. 创造是精确的科学 [M]. 魏相, 徐明泽, 译. 广州: 广东人民出版社, 1988: 11.

水到渠成，而不是单纯的心思上的运用。

（二）欧洲发明方法的专业主义和逻辑主义文化特质

20 世纪 60 年代至 80 年代，中北欧德语地区设计方法学派强手频出，以其方法理论的系统性和严密性使人们大开眼界。他们踏实细致地进行设计知识重组，还出现了大批发明方法，如参数分析方法等，其中，以俄罗斯的发明方法 TRIZ 理论为代表。欧洲技术发明体系与美国实用的、偏于主体心理的方法截然不同，如 TRIZ 理论抛开技术主体的心理过程，直接阐述技术体系的进化过程和发明的原理。

TRIZ 理论的形成，其研究途径则是运用方法论指导，对技术发明的具体过程进行抽象和概括。阿奇舒勒认为，他的"发明程序大纲"是采用"可控制的、正确组织的、有效的过程"来得到发明产物的方法[①]。TRIZ 理论还受到辩证唯物主义方法论的深刻影响，关注对技术体系和技术发明结果的客体分析，比较忽略主体因素。力图将技术体系的客观描述和传统的辩证法——矛盾分析结合在一起，形成复杂的技术发明方法。

可以说，阿奇舒勒的"发明程序大纲"等发明方法的基础是分析、综合和归纳、演绎等逻辑学的方法，逻辑程序十分清楚。尽管在前一阶段也有探索性的类比，但不构成其核心；而演绎阶段严密的逻辑程序却给人以深刻印象，也是其最具特色的部分。这种发明方法的缺点是程序较烦琐，一般需要花 100 多学时专门学习，是很难掌握的"精确科学"，对发明过程本身产生束缚，因此也使这套方法的推广受到一定限制。

TRIZ 理论技术化的、逻辑化的方法论体系需要技术硬件的支持，从 1991 年的计算机软件化到全球化的技术优化者（Technology Optimizer）软件，TRIZ 理论与计算机技术结合，"Technology Optimizer 的广泛发行使 TRIZ 变得世界闻名"[②]，

---

① Г. С. 阿里特舒列尔. 创造是精确的科学 [M]. 魏相，徐明泽，译. 广州：广东人民出版社，1988：3.

② 迈克尔·A. 奥尔洛夫. 用TRIZ进行创造性思考实用指南 [M]. 陈劲，等译. 北京：科学出版社，2010：286.

才成就了 TRIZ 理论的辉煌。

俄罗斯学者吉江研究欧洲的发明方法时，认为该发明方法发展了科学发现过程的分析—结构的概念，认为技术设计是"创造性探索的假设—演绎模式具体化及详尽化"①。英国的方法论学者依照卡尔·波普尔（Karl Popper）的"猜测—反驳"模式，提出用设计方法学上的"猜测—检验"模式来代替"分析—综合"模式，也体现了与欧洲学者共同受科学方法论影响的特点②。同时，欧洲也出现了脱离科学主义影响从技术设计本身的特点去建构方法论体系的努力，如英国设计方法论学者米克尔·克罗斯（Mickle Cross）认为："科学与人文的结合是今后设计教育必须调整的方向。"③ 美国学者 S. 达斯古普塔（Subrata Dasgupta）也认为技术要比人类的科学智慧更为古老。"发明人工物的心理过程不应当被看作是从属于科学发现过程。"④ 但是他的技术创造方法仍然是从知识论的角度进行逻辑分析。

有辩证唯物主义传统的中国人较容易理解 TRIZ 理论方法的理论基础。TRIZ 理论移植到中国的不适应主要表现为对逻辑和专业主义的不适应，过于严密的逻辑推理与中国传统的创造悟性有着天壤之别，需要格外努力才能领会。从历史上看，中国古代能够做出那么多的科技成就，以至于"在现代世界赖以存在的重大发明创造中有一半来自中国"⑤，是因为中国的传统思维方式、观念更适合于人类古代科技的发展。西方的逻辑分析的方式与科学实验结合，最终带来了近现代跳跃式的革命。中国人擅长使用悟性，在科学创造过程中有助于提出科学假说或设想，然后从实证角度加以修改和验证。然而有时中国文化传统的悟性可能完全排斥或取代实证性，把科学创造变成纯直觉的过程。连对东方文化十分推崇的荣格都认为："东方的直觉已经过火了。"⑥ 过分强调中国式的直觉就会大大降低科学创造的水平，甚至导致伪科学的出现。

---

① P. 3. 吉江. 发现与发明过程方法学分析［M］. 徐明泽，魏相，译. 广州：广东人民出版社，1988：3.

② 吴明泰，刘武，谢燮正. 工程技术方法［M］. 沈阳：辽宁科学技术出版社，1985：45.

③ CROSS, N. Designerly Ways of Knowing［J］. Design Studies，1982，3（4）：221 – 227.

④ DASGUPTA S. Technology and Creativity［M］. New York：Oxford University Press，1996：Ⅷ.

⑤ 王国忠. 李约瑟与中国［M］. 上海：上海科普出版社，1992：503.

⑥ 拉·莫阿卡宁. 荣格心理学与西藏佛教——东西方精神的对话［M］. 江亦丽，罗照辉，译. 北京：商务印书馆，1994：138.

在推广欧洲的发明方法时要分析中国人的思维特征，中国人思维的逻辑性相对较差，需要加强技术专业的逻辑性，特别是对技术发明体系的逻辑分析。

（三）日本创造方法的折中主义和精致主义文化特质

日本的创造方法显示出双重特征，精致和简单构成折中主义，但以精致为主。

日本创造技法研究的风格，介于美国的心理学方法和苏联的逻辑方法之间，并且糅合东方文化于方法学的研究体系，具有明显的日本民族性特点。日本的创造技法有的在欧美方法基础上结合日本的民族特点加以改进；有的则具有较强的原创性。

如"ZK"法。它运用东方文化中诗文创作的"启、承、转、合"来概括创造性解决问题的过程，使创造技法带有明显的东方色彩①。发明"NM"法的中山正和认为日本人的右脑型思维方式不同于欧美人，欧美人表现为逻辑推理，日本人则与之相反。又如市川龟久弥 1944 年创立的等价变换法。等价变换法在某种程度上将隐喻类比程序化，使用便捷，其辅助工具与苏联学者的发明程序大纲有点类似，但较好地解决了右脑型方法与左脑型方法结合的问题，在理论渊源上受到格式塔心理学的影响②。日本出现了不少逻辑性的创造方法论，如江崎通彦（Michihiko Esasi）的"通过任务认知解决问题的方法确定了七个步骤，通过查看任务的各个部分来阐述问题呈现的现象"③。

由于地理的原因，日本岛国文化则比较精致。日本向西方学习技术是先从软件入手的学习。先学规则，培养具有科学精神和技术标准化思维模式的人。日本当年建设海军时，先建培养海军人才的学校，学校建立时，不顾成本，一砖一瓦都从英国运来。④ 西方的技术规范与日本岛国文化本来的细致性相结合，形成了

① 高桥诚. 创造技法手册 [M]. 蔡林海，等译. 上海：上海科学普及出版社，1989：112 – 116.

② 市川龟久弥. 创造性的科学——图解等价转换理论入门 [M]. 金在律，等译. 东京：日本放送出版协会，1970：36.

③ ESASI M. Method for Creating Wisdom from Knowledge [M]. Japan Materials Management Association Public，2009：20.

④ 俞天任. 浩瀚大洋是赌场——大日本帝国海军兴亡史 [M]. 北京：语文出版社，2010：17.

极端精细性的技术。其创造方法也注重精细性，每一步骤都结合现场情境给予细致的表述。

日本在引进西方的创造技法时，十分重视与本国实践的结合，发展出具有日本文化特色的创造技法。日本的创造技法十分讲究现场的细节和操作步骤，大概是工作中的技术性过强、过细，需要用简单性加以补偿，所以日本人在日常生活中形成简单阅读的习惯，漫画书成为日本大众的最爱。日本的创造技法也具有双重性格，一方面，日本的创造技法具有程序性和精细性，符合严格按照一步一步的程序去做的日本人行为特征；另一方面，日本技术人员的创造技法又趋向简单化，使得创造技法容易推广和运用。后来，日本的创造方法的形式还进一步变化，出版漫画版的创造技法书。

（四）创新方法的文化特质与传播的障碍

1. 地方性知识

无论是人类学，还是科学实践哲学或后殖民科学观，都分别从各自的视角强调地方性知识，引发人们对各领域中的地方性知识的重视和研究，这不管从哪个角度讲都是非常有意义的。但如果把地方性知识与普遍性知识看作截然对立的，过分强调知识的地方性，而否定知识的普遍性，就应该认真研究、仔细斟酌，不能轻易下结论。那么，应该如何理解地方性知识？

将地方性知识与普遍性知识看作两种知识，甚至是截然相对的两种知识，有失偏颇。地方性与普遍性不应是两种知识的属性，而是同一知识的两种属性，因知识具有地方性而把它称为地方性知识，又因其具有普遍性而把它称为普遍性知识。知识应该是地方性与普遍性密切结合的矛盾统一体。知识之所以具有普遍性，是因为知识是在实践基础上形成并确证为"真"的认识成果，"真"就是主观"符合"客观，也就是说，知识是关于客观世界的反映，是主观见之于客观，在内容上要真实地揭示客观对象的真实面貌和规律，因此具有客观性，这也就体现出知识的普遍性属性。另一方面，知识在形式上又是主观的，这是因为"知识的生成、辩护、传播以及应用，都离不开特定情境，诸如特定文化、价值观、利益、技能、仪器设备和由此造成的立场和视域等，它们都介入了实验过程，成为内在于实验的构成性要素"①。这一点就体现出知识的地方性属性。知识的普遍性与地方性是辩证统一的，不能将二者绝对地对立起来，从而以一个方面来否定另一个方面。

邱仁宗曾强调指出，在科学创新活动中，实践和理论是相互交织在一起共同进化的。我们既要充分认识到科学实践活动的情境依赖性和文化依赖性，重视科学知识生产的地方性，又要承认科学的目标是扩展对物质世界运行规律的知识，重视科学知识的普遍必然性。只有将科学知识的地方性和普遍性结合起来，才是一种"普遍的科学观"②。艾伦·查尔默斯认为，虽然在不同的实验室中，对同一个理论的每一次检验都将借助于不同的背景知识、可能的假说、地域资源和实验者的技能，又由于自然现象的呈现方式以及认识本身的复杂性，决定了不同实验室具体的实验过程以及实验结果的有效性存在重要差异，但是那些被选择作为证据的实验结果，既不受特定实验室资源、研究者技能或理论信念的支配，也不受外在于实验室的社会政治或文化因素的支配，而是由研究对象的本性决定的。就是说，一旦仪器开始工作，是研究对象的本性决定着实验的进程、实验数据和图像。正因为实验结果是由研究对象的运作方式支配的，所以提供了与物质世界相对照来检验理论的可能性。③

总之，在现实中，我们既要重视知识的客观性、普遍性，又要尊重和强调知识的地方性，这才是正确的态度。

2. 地方性方法

知识包含方法，方法是特殊的知识。知识有普遍性和地方性属性，那么方法也同时具有普遍性和地方性特征，是普遍性和地方性的矛盾统一体，在方法具有普遍性的意义上，将方法称为普遍性方法，与此相应，在方法具有地方性的意义上，又将同一方法称为地方性方法。而方法是实践过程中最重要也最基本的要素，是主体认识客体的桥梁和工具，是人们从实践当中概括总结出来的能够有效、便捷地达到某种认识或实践目标的思路、程序、规则、技巧、手段和方式。

---

① 马佰莲. 适度坚持科学知识的地方性 [J]. 哲学研究，2009 (1)：103 – 109.

② 邱仁宗. 科学方法和科学动力学——现代科学哲学概述 [M]. 北京：高等教育出版社，2006：187.

③ 艾伦·查尔默斯. 科学及其编造 [M]. 蒋劲松，译. 上海：上海科技教育出版社，2007：77.

这样，方法的"工具"特征就更决定了它的情境依赖性和文化依赖性，使方法蕴含更强的地方性属性。

对于方法，有些学者过分强调了它的地方性，从而否定了它的普遍性。如卡林·诺尔–塞蒂娜（Knorr-Cetina, Karin D）认为：科学方法是一种地方性的实践形式，并不具有非地方性的统一普遍范式，科学方法具有与境性而非普遍性，科学方法的实践形式同社会生活的其他形式一样，也可以被视为植根于社会行动的场景。[①] 这种观点有其积极意义，即使人们认识到并重视方法的与境性和文化依赖性，但它否定方法普遍性的做法，又背离了方法有其客观内容的一面。

回溯人类的文明史，或站在当今社会来看，我们都可以发现，不同国家、不同民族之间都有方法上的交流与借鉴，这些实践足以说明方法有其客观性和普遍性的一面。与此同时也要看到，许多国家在引进方法之后，或有所选择或结合本国及本地实际进行改良后再加以运用。这一点也雄辩地说明了方法又有其地方性的一面。所以，我们既要充分认识方法的情境依赖性和文化依赖性，重视方法的地方性，又要承认方法有其客观内容，重视方法的普遍性。

3. 关注创新方法的地方性知识和文化

创造技法作为一种知识，融合了名言知识和难言知识。名言知识经过了概念化处理，多体现知识的共性和普遍性；难言知识很大程度上是非语言的，需要亲身体验的处理，而且难言知识是个体知识，和认识者不可分离，所以对这种知识的理解需要依赖其所处的具体地域文化情境，这就体现了知识的个性和地方性。正因为各国创造技法中的难言知识以及难言知识对名言知识的优先性和主导性作用，增加了创造技法在其他民族中广泛传播的难度。

伴随着近代科学革命的产生和发展，人们逐渐形成了客观主义的科学观和知识观，并已成为人们看待科学知识的主要观点。客观主义强调科学知识的绝对客观性、超然性和非个体性特征，认为人类认识过程中的所有个体性方面都违背客

---

① 卡林·诺尔–塞蒂娜. 制造知识：建构主义与科学的与境性 [M]. 王善博，等译. 北京：东方出版社，2001：88.

观主义知识理想。客观主义的科学观、知识观过于简单，对人类认识和科学研究的现实缺乏正确而深入的认识和理解，在研究和实践领域造成了许多消极后果。这种情况在 20 世纪受到了西方哲学的批判，默会知识论学者、科学实践哲学学者以及文化人类学学者等都在这方面作出了贡献。默会知识论学者波兰尼（M. Polanyi）针对这一问题，用个体知识论来取代客观主义思想。波兰尼的个体知识论涉及大量的科学研究过程中的个体性因素，如理智的激情、判断力、良知、信念、承诺和责任心等，而这些个体性因素都有较强的风土文化情境依赖性。科学实践哲学强调知识的地方性，所谓的地方性主要是指某一地域或某一民族的人们进行科学实践活动所处的各种文化情境，如特有的思维方式、行为习惯、立场、视域、价值观等。因此，知识不仅有其客观内容，还蕴含独特的地方性文化情境。

文化体现了一定民族和地域的特点，反映其思维水平的精神风貌、心理状态、思维方式和价值取向等。不同的国家，不同的民族，或者同一国家的不同区域，由于自然地理环境、人文因素及社会历史发展进程的不同，以及各地长期以来独特的不对称的文化心理积淀，直接或间接地造成了不同居住地域内的人们那各有千秋而又相对稳定的传统习俗、风土人情、性格特色和心理特征等，孕育并创造了丰富多彩、千差万别、千姿百态的地域文化。而正是各民族区域的地域文化构成了全人类文化大厦的基石。各国的创造技法作为一种地方性方法和地方性知识，蕴含各国独特的地方性文化因素。因此，在异质文化环境中传播时就涉及文化转换，否则异质文化间的冲突会阻碍地方性方法的传播。那么如何进行文化转换？这主要需要接受方认真研究各国创造技法及其提出者的具体情况，了解各国文化的深层本质，同时寻求本民族文化与其他国家文化间的契合点进行文化转换，避免文化冲突；或者结合本民族文化进行改良创新，形成具有本民族特色的新的创造技法。

| 第三章 |

国外技术创新方法的推广方式
以及对中国的启示

一、国外技术创新方法推广的方式

（一）高等院校成为创新方法研究和人才培训的必要场所

高等院校是创造力研究的必要场所。在世界各大学中，凡重视创造力研究与开发的高校，均开展了相应的创造力教学并成立了创造力研究相关机构。欧美国家如美国、加拿大、英国、荷兰等，在高校中开设了相应的创造力开发与研究课程。亚太地区国家如日本、韩国、新加坡、澳大利亚等国的部分高校也开设了创造力相关课程，并成立了创造力研发机构等。

首先，美国几乎所有大学都开设了创造力相关课程，这意味着美国所有大学都很重视学生的创造力开发。因为在美国许多大学中，均设立了创造力研究中心，这些创造力研究中心大多设在教育学院。这些研究中心在从事创造力教学与研究的同时，还与一般民间创造学组织及学校的创新工作进行协调，并讲授创造力课程、开办创造力工作坊等。如纽约州立大学水牛城分校创造力研究中心，不但进行创造力研究，而且还为大学部与研究所学生提供创造力理论及实践相关课程。佐治亚大学托兰斯创造力研究中心，其宗旨是研究、发展、评鉴创意思考与潜能、奖励国内外支持创意发展的组织，并设立相关研究规划。美国加州大学圣芭芭拉分校（University of California，Santa Barbara）还设立创造力研究学院，对毕业学生颁发学位或证书等。同时在美国如哈佛大学、耶鲁大学与麻省理工学院（Harvard、YALE、MIT）等著名大学还有创造力研究团队。美国高校除本身开展创造力研究外，还协助中小学发展创造力。如加利福尼亚大学的创造力研究学院为当地具有创造潜力的中学生设置"青年学者计划"，并开设创造力培训班。麻省理工学院还为中学生设置创造发明奖项等。约翰斯·霍普金斯大学（Johns Hopkins University）的"天才青年中心"、青年学者罗宾逊中心制订的"早期入学计划"等特意鼓励中小学发展创意，并让资赋优异的学生提前进入大学。

其次，英国高校开发与培育学生创造力没有显著的标识，而是将创造力开发与培育以无形的形式渗透在教学课程中。在英国高校创造力开发、培育课程中，尤其注重与文化产业、国家经济发展需要相结合，为学生以后走向社会奠定了一定的文化创意、经济发展的能力基础。如在伦敦城市大学（London Metropolitan University），开设了创意与文化专业领域的相关课程，该课程配合国家经济发展的需要，设置了创意产业课程与文化产业课程。

再次，日本创造力教育一直走在亚洲其他国家的前面，创造力教育总是与高等院校结合在一起。在日本，大多专门高校设置了创造力教育的相关课程，创造力有机融入其他学科教学。其中特别显著的有东京都立工艺高等学校，该校的教育目标就是培育学生的创造力，从创意着手，将教学与体验等结合起来，让学生在亲身体会中发挥创造潜力，于毕业前就能实际应用其在学校中所学到的创造技法，并以创造产品来体现创造力。有些还专门成立了创造力研究中心等机构。如东京大学设立"国际融合创造中心"以鼓励创意研究，并与国际进行多方合作研究，成为日本创造力研究、开发与传播的重要场所之一。

最后，澳大利亚政府对大学生创造力的培养一直很重视，在许多大学设立专门培养大学生创造力的学院，并制订相关计划。2001 年埃迪斯·科文（Edith Cowan）大学通过学术交流等形式促进了创造力政策的出台。该政策的制定，促使澳洲许多学校或机构开设创造力相关课程。如：澳洲工程创新研究所开设了"创新历程"等课程。在澳洲大学的各科教学中，创造力始终闪耀着活跃的身影。如罗恩·科特斯（Ron Kurtus）开授"提高写作、创造力与生产力的大纲"课程等，将创造力教育、开发与教学结合在一起。

（二）政府对创新方法的推广普及所提供的政策保证

据现有资料显示，欧美国家政府并没有刻意出台创造力研究的专门政策，而是将创造力理念融于教育、生产的政策制度。在欧美国家，如美国、英国、德国、荷兰、法国、意大利、加拿大等在政策制度中，相应表现出创造力理念及创新精神。在亚太地区国家中，如日本、新加坡、韩国、澳大利亚等在创造力开发方面，也提出了相应的政策制度。现以美国、英国、日本与澳大利亚为代表分析如下。

首先，美国已将创造力作为评价工作成就的重要效标。因此，在美国的教育政策、政府首脑的讲话及政府机构所制订的方案中，显现出创造力理念与创新精神已是常态。

1. 创造力融入相关教育政策

美国教育部门十分重视创造力研究、培育与开发。如"1970 年教育部前身 Office of Education 界定资优才能时，已经特别将创造才能列为 6 种资优才能之一。"[①]同时也非常关注教育创新研究工作的落实与成果分享，以教育研究与发展办公室为主负责该项工作。一是全国成立地方教育实验室，如区域教育实验室网络、实验室教育等，旨在提升教育工作者的创造品质。二是成立教育研究资料中心，依据不同领域分为成人、生涯与职业教育（Adult, Career, and Vocational Education）、评估与评价（Assessment and Evaluation）等几十个资料库，为教育者提供了易得资料。三是国家教育统计中心，也定期做一些资料整编工作，为教师提供方便。四是支持教育革新计划，如技术创新挑战资助计划等。五是提供教育创新奖项，如设立蓝丝带学校计划等，以激励教育与学校创新，重视创新优良的中等学校选拔。由于相关教育政策的支持，20 世纪 60 年代起，美国创造力训练已得到普及，到 20 世纪 90 年代初，"几乎美国的每所大学都开设了创造性思维训练课程"。[②] 其中在创造性思维方面训练较有特色的有麻省理工学院、南加

---

① 吴静吉. 创造力教育政策白皮书子计划（六）国际创造力教育发展趋势专案 [DB/OL]. [2001 – 12 – 15]. http：//www.3722.cn.

② 高卢麟，林声. 当代中国发明 [M]. 沈阳：辽宁科学技术出版社，1993：24.

利福尼亚大学、匹兹堡大学、哈佛大学等。

2. 政府首脑的言论关注创造力

时至今日，在美国政府与民间，创造的观念已经普遍存在。虽然在政府首脑的相关言论中，并没有直接以创造力作为主题，但言论中创造精神的内涵相当显著，尤其是在教育、文化与科技的相关议题中，创造、创新观念更加鲜明。

3. 政府机构政策、方案对创造力的关注

其一，在创造力倡导方面，美国虽没有在相关政策中进行广泛宣传，但创造力与一般教育理念已形成有机的融合，特别是以文化艺术为主要业务的单位最为卓著。1994—1997 年克林顿任职期间，成立了"艺术与人文委员会"，并出版《创造美国》（Creative America）手册，认为在艺术与人文领域中，应强调文化保存与再创新意义，以此来强化美国公民的社会力量。同时，将这一理念落实在一般教育情境中，从而推进社会文化的全面发展。同时，州政府也有相关政策推动地方创造力发展，如：为确保创造力在初等教育中的地位及其在教育改革中的作用，北卡州文化资源部特别成立了北卡州艺术顾问会，以更好地扩大创造力普及范围。因此，为了有效地普及创造力研究与实践，在当地艺术团体与社区中开展"教育计划的艺术形式"活动。

其二，英国教育部等部门受现代创造教育理念影响，也提出了相应的创造力推动政策。如：教育就业部和文化、媒体和体育部共同提出了"艺术成就奖"，是政府专门针对在艺术教育与创意教学中成绩突出的中小学校而设立的。1998年，教育就业部提出了 55 个两年期计划，包括高等教育中的基本智能、学生成就记录等 8 大领域，其目的就是将受高等教育的学生所学的知识转化为现实生产力。英国教育长大卫·布朗奇（David Blunkett）曾宣布"学校应教导学生如何思考"，并表示推动"思考技巧"的系统化教学。在政府的其他机构也出现了对创造力教育的关注。如英国文化、媒体与体育部部长克里斯·史密斯（Chris Smith）出版了《创意英国》（Creative Britain）一书，强调创意文化。英国科技委员会的主要工作之一就是"鼓励创造性与基础性研究"。国家创造与文化顾问委员会在推出《我们的未来：创造力、文化与教育》报告后，于 2000 年 9 月开展了一系列创造力教育活动。

其三，日本是西方创造、创新思想较早传入的亚洲国家，在政策制度制定方面，日本政府注重创造教育理念的融入，20世纪90年代以来最为突出。1994年文部省召开相关会议，提出加强大学理工科创造力的重要性，强调"发现与创造"的人生乐趣。1996年文部省大臣在政策演说时，提及每个国民要注重发展自己的特点与创造力。1996年日本中央教育审议会提出学校培养学生解决问题能力的重要意义。2000年，在教育改革国民会议中，内阁总理大臣特别提出培养学生的创造力。政府政策制度中的创造力思想有力地促进了日本国民整体创造素质的提升。培养创造性人才是日本大学教育与研究所阶段的教育政策目标。在幼儿国家课程标准中，明确规定"透过不同经验来发展丰富的感受，提升创造力"是幼儿教育的目标之一。如东京都教育委员会的教育目标，就是要培养学生出类拔萃的创造性。日本科技厅在科技政策规划与执行时，鼓励与科技政策有关的创造性开发。在科技基础计划上明确要求提升研究人员的创造力，促进更多的创造性研究。

其四，澳大利亚为进一步提升国民创造的综合素质，结合创造力开发制定了相关政策制度。如澳大利亚政府曾与企业共同举办了"国家创新峰会"（National Innovation Summit），两天产生3个类别24项建议，即：塑造创意文化10项建议；产生创意5项建议；实践创意9项建议。这些建议认为"教师是塑造创意文化的关键"；奖励企业发展教师训练课程，并能将科技与企业的观念想法传播给学生。20世纪90年代，澳大利亚政府进行了全国性的改革实验计划，即关键能力基础教育。1991年成立了梅尔委员会，从资讯、观念、计划、活动、合作、问题与科技7个方面界定"关键能力"，并认为"问题解决能力、与他人合作、运用科技等能力"是发展知识经济、培养创造力的重要元素。另外，澳大利亚联邦政府成立了创新教育网站，为教师提供创新教育资源，并提供学童创新奖励，鼓励学童与学校创新。

（三）民间组织在普及、提升创造力过程中发挥了重要作用

从国外创造力研究与发展情况看，民间组织是创造力长期保持生命力的沃土。在欧美国家中，美国、英国、加拿大、荷兰等国都有相当多的民间组织进行

创造力普及与开发工作。亚太国家中的日本、韩国、澳大利亚的民间组织在创造力研究开发与普及推广方面也开展了许多工作。

首先，美国的民间组织在创造力培养与开发方面发挥了重要作用。一是成立专门组织，为学生举办创意竞赛、夏令营活动。如弗吉尼亚未来问题解决项目，主要针对高中毕业生服务。同时，博物馆、美术馆等也提供相应的艺术文化创意产物的学习活动空间。二是与教学有关的创意研究中心，根据教材及教学课程，为教育工作者与家长举办创意课程，如美国创新教育研究所等。三是美国创造力学会在各领域创意交流中起着纽带作用。其与工商、传播艺术、教育等各界联合，定期举办相关学术研讨会。同时，在中小学教师创意教学中，通过"创意教学协会"等，提供"教学创意分享"。通过"全国大学发明家和创新联盟"等鼓励"师生创意"。四是美国创造教育基金会本着"协助个人与组织发展创意潜能为宗旨"，在大学创造力课程筹设、国际学术研讨会举办、推动创造力研究等方面作出了巨大贡献。五是美国的杂志等机构也出版了有关创造力的专门刊物。如创造教育基金会出版的《创造行为》和《今日心理学》、地方教育局出版社出版的《创造力研究》等，在创造力传播方面起了重要媒介作用。六是美国的创意公司进一步打造了创造力开发的氛围，如创意概念 IDEO 公司、Design Countinum 公司、Disney 公司等，在实际的创意产出、团队创意产出工作中为其他公司提供了极为宝贵的经验。与此同时，IDEO 公司成立斯坦福大学学习实验室（Stanford Learning Lab）、微软委员会设有既定项目等与高等院校合作，共同进行创新研究与创意教学等活动。观察（Discovery）频道还在网上成立观察学校网站与学校教师共同开发创意教材。这些活动有力地推动了美国创造力研究的发展。德国的民间组织也为创造力的普及发挥了重要作用。在德国，尤其是注重城市再造的风格，同时，博物馆与手工艺中心的创意在传播创造理念方面也发挥了重要作用。如"ZKM"作为艺术与媒体的中心，不断整合艺术与媒体科技，长期坚持创作计划，并以奖学金的形式资助相关创意计划。在科技与人文对话、创造力教育等方面做出了表率。"DAKIK"作为艺术人士的汇集机构，注重创意与发明概念的推广，经常举办相关创意概念的活动，致力于创意概念的普及。德国科技研究发展的相关协会，积极参与创新领域的活动。在德国设有五六十个研究所，专门从事工业技术领域的革新研究。这些民间组织的设立，有力地促进了德国创造力开发及培养的普及。

（四）通过现代化的技术手段产生广泛影响

德国最早介绍 TRIZ 理论是在原民主德国。1973 年，民主德国首次翻译出版了阿奇舒勒的著作。民主德国当时推广 TRIZ 理论的一批人，如 Pavel Livotov（创办了 CAI 软件公司，出版过介绍 TRIZ 的专著）、Dietmar Zobel（他本人曾在 1985年拜访过阿奇舒勒，1982 年发表了介绍 TRIZ 理论的文章，1985 年起出版了一系列介绍 TRIZ 的专著）、Michael A. Orloff（创办了 TRIZ 培训学校，出版过专著）等，他们都是德国知名的 TRIZ 理论专家。

在统一后的德国，20 世纪 90 年代初，在一些大学内与机械工程有关的学院讲授设计课程时，对 TRIZ 理论就有所介绍。早在 1996 年西门子公司就在产品研发过程中采用了 TRIZ 理论。1997 年，美国宇航局把计算机辅助创新（CAI）软件包 Tech Optimizer 评为当年最具创新产品而授予其金奖，TRIZ 理论在欧洲，包括在德国，才引起公众注意。自那以后，理工科大学在设计课程或创新管理的课程中都讲授 TRIZ 理论。企业应用 TRIZ 理论的越来越多。据有关资料，德国所有世界 500 强的大企业都采用了 TRIZ 理论，像西门子、奔驰、宝马、大众、博世等著名公司都有专门机构及专人负责 TRIZ 理论培训和应用，涉及的行业很广泛。

应用 TRIZ 理论的行业有：成套设备制造、采掘技术，动力技术，家用电器，仪器仪表、航空航天工业，自动、机械制造，化学工业，医疗技术，电气技术，食品工业，电子技术，制药工业，汽车工业，包装技术，精密机械等。

但是，在德国对技术创新方法影响最大的是德国工程师协会制定的设计方法标准 VDI 2221 和 VDI 2222。而这两套标准当时制定时（1993 年）并没有吸纳TRIZ 理论的思想。在 CAI 软件研发方面，德国自 1998 年推出基于 TRIZ 理论的CAI 软件 TriSolver 1.0B 以来，经历了 TriSolver 2.0 ~ 2.2 和 TriSolver 4.net，于2007 年推出了 TriSIDEAS。

对于国内关心的 TRIZ 理论对实际创新能力的影响，德国目前尚无权威研究机构的研究报告，只有应用 TRIZ 理论的企业和 TRIZ 理论培训或咨询企业的案例报告，都声称在具体项目中采用 TRIZ 理论，缩短了研发时间、节省了研发经费等。

二、国外创新方法的发展进路和
推广方式对中国实践的启示

通过研究和讨论，我们可以较为清晰地了解到：各国创新方法的产生发展都有其厚重的社会历史文化背景，同时，各国创造技法作为地方性知识和地方性方法，是其独特的地方性文化的产物，不可避免地带有地域性文化特征。其带给中国的启示应该很多，如我国要关注并学习与创造技法相关的国外先进文化，更进一步发展科学技术、注重科技教育、发展创造学研究与实践等。除此之外，还启发我们至少可以从以下 3 个方面来思考有关中国创新方法的发展问题。

（一）选择自主开发与引进、吸收、改良相结合的道路

"科学无国界"，笔者认为这句话至少蕴含着这样一种含义，即科学、技术及其研究方法等知识是人类智慧的结晶，是属于全人类的共同财富，不属于意识形态，应该可以通过科学技术文化转移手段在各国之间广泛传播，为全人类服务。各国学者或者积极地研究分析科学技术发展史中获得创造性成果的优秀个人的创造经验，并加以系统化、规范化，或者对自身的科学技术实践经验进行归纳、总结和提炼，从而独立地自主开发出创造技法。应该说这条发展道路给我们中国创造技法的发展带来了宝贵的经验启示。

同为东方国家的中国和日本两国有许多相似之处，仅就与创造学相关的方面来看，中国基本与当时的日本相似，作为后发国家处于良好的创造学理论研究与实践的国际背景下，有大量的学术研究成果和实践经验可以借鉴参考；另外，中国正在实施科教兴国等发展战略，有良好的社会环境、人才保障和实践基础。所以，我们不妨借鉴日本的成功经验，选择一条自主开发与引进、吸收、改良相结合的创造技法发展道路。

一方面，学习并改良其他国家已有的创造技法，这是后发国家缩小与外国差

距的捷径。但需要认识到，创造技法是人类的共同财富，创造技法的转移是世界各国科学技术及经济发展的普遍现象。而那种以为不论在任何情况下，引进他国的文化就会丧失民族自尊心、发展自主文化就是有民族自尊心的观念是错误的。其实这种民族自尊心是盲目的民族自尊心，是一种愚昧的表现。在学习改良国外创造技法方面，我国的一些学者已经做了一些工作，如我国创造学者许立言、张福奎对奥斯本的检核表法进行了深入研究后，结合我国创造发明，特别是上海和田路小学创造发明的实际创造出了"和田十二法"（1991 年正式命名）[①]。许国泰在美国的形态分析法的基础上发明出具有中国特色的创造技法即信息交合法（又称魔球法），之后，他又将信息交合法与中国传统文化相结合，发展出第二代魔球理论。[②] 相对于大量的国外技法来说，我国学者所做的改良工作还远远不够，应该还有很大的发展空间，所以需要继续努力探索。

　　另一方面，是对我国获得优秀科学技术创造性成果的研究人员及其实践进行各种形式的研究，经过提炼、概括，从而自主开发出独具中国文化特色的创造技法，这是我国创造技法发展的根本。尽管我国整体上的科学技术发展能力和水平与世界先进国家存在差距，自主研究成果相对欠缺，需要进一步努力，但科技发展总体上呈现出上升的态势，已有很多成果问世。"无论在现代的尖端技术领域，还是在传统的技术领域，中国人都提出了许多新思想、新概念、新原理，独创性的发明不少。即使在当代作用显赫的三大技术领域，也同样显示了中国人的独创性：中国人不仅在古代就发明了火箭技术，而且在今天也完全靠自己的力量，创造了具有世界先进水平的火箭技术，在空间技术领域争得了一席之地。尽管中国在电子计算机领域起步较晚，在硬件方面落后，但是中国人毕竟靠自己的力量研制了巨型计算机，特别在软件方面已日益表现出中国人的优势。中国人在 20 世纪 50 年代首先合成了生物大分子蛋白质，成为这一领域的先驱者……"[③] 我国科学技术的发展已为创造学研究提供了一定的研究基础，关心创造学研究的人士应该对此进行研究，提出独具特色的创造技法和创造学理论。个别学者已作出贡

---

　　① 上海市和田路小学创造教育课题组. 中小学创造教育与教学实验探索：创造教育理论和实践的探索 [M]. 天津：天津大学出版社，1993：88.

　　② 许国泰. 产品构思畅想曲 [M]. 上海：上海人民出版社，1986：1 - 10.

　　③ 远德玉，陈昌曙，王海山. 中日企业技术创新比较 [M]. 沈阳：东北大学出版社，1994：18.

献，思维科学界的张光鉴研究员提出的"相似论"就是典型例证。^① 但总体来说，这方面的研究相对欠缺，所以期盼后来者居上。

（二）重视形成中国地方性文化和地方性方法

根据地方性知识理论，不同的国家，不同的民族，或者同一国家的不同区域，由于自然地理环境、人文因素及社会历史发展进程的不同，以及各地长期以来独特的不对称的文化心理积淀，在思想、行为、情感等方面表现出不同的特点，相应地构成了各民族或地域的不同特质的文化传统。各民族要在自己的文化基础上继续发展，其文化之根本或灵魂贯穿其中。按照同样的逻辑推理，独具中国特色的创造技法应该在中国的地方性文化中孕育产生，即中国地方性文化是中国创造技法得以产生的土壤，这就需要我们重新审视中华文化，重视中国的地方性文化研究。

首先，恢复中华文化的自信。众所周知，近代科学没有在曾一度居于世界领先地位的中国诞生。随着西方科学技术及文化的繁荣发展，在国际社会中，中国日渐处于相对劣势地位。从鸦片战争开始到第二次世界大战结束，中华大地千疮百孔，中国人民遭受了无尽的屈辱。即便到目前为止，我们还在许多方面不及西方发达国家。在这种事实面前，难免有人对中华文化产生怀疑和动摇，以至于失去信心。所以，在中国接受欧美科学技术和西方文明时，有人主张"全盘西化"。但也有人坚持中国文化，主张"中学为体，西学为用"。从世界各民族的发展史看，完全脱离本民族文化的"全盘西化"是不切实际的。另外，从文明创造发展史角度看，中华民族是一个不缺乏创造性的民族，在技术发明、科学发现的创造方面为繁荣世界文明作出过许多重要贡献，曾一度在科学技术上处于世界领先地位，被很多国家仰慕，成为它们学习的榜样。这些历史事实足以说明中华文化蕴含着深厚的创造底蕴。虽然"由于多方面的原因，中国人在创造方面的智慧和才能受到了压抑，但它所蕴藏着的潜力并不会丧失"。^② 因此，我们要重新审视中华文化，恢复对优秀的中华文化的自信。当然，也要防止对中华文化的

① 刘仲林. 中国创造学概论 [M]. 天津：天津人民出版社，2001：143.
② 远德玉，陈昌曙，王海山. 中日企业技术创新比较 [M]. 沈阳：东北大学出版社，1994：18.

盲目自信。

其次，要重视形成具有中国文化特色的创造技法。自中国创造学发展以来，出现了一些具有中国特色的"和田十二法""魔球法""集思广益法"① 等，比较有影响。其实，中国人对创造技法的贡献并不仅限于上述几种。早在20世纪五六十年代，一些工人技术能手总结了许多技术革新的方法，具有很强的现场性、操作性，与日本的本土性方法有相似性，但由于我国对本土方法的忽视，总结提升不够，很多个体经验未能上升为方法，渐渐失去了其影响力。改革开放以来，国外创造技法被引入后，更多的人是介绍国外的创造方法，但也有中国学者总结的方法，如庄寿强总结的"系统提问法"②，刘仲林总结的"补美法"③。不过由于种种原因，这些方法的知晓度很低，在国内影响范围很小，这一现象值得国内学者深思。

最后，重视中国地方性文化研究。中国文化是中国创造技法生长的土壤，所以要重视中国地方性文化研究。通过全面深刻的探索，既要寻求其创造的文化底蕴，又要把握其不利于创造的文化因素。关于中国文化传统对于科学技术创造活动的深刻影响已被许多国外学者所切身体会或研究：李约瑟（Joseph Needham）在《中国科学技术史》第二卷"科学思想史"中，专门讨论了中国传统的有机论思想对西方近代科学创造活动的影响，如莱布尼茨（Leibniz）可能受到过有机主义哲学以其成体系的理学形式的影响。④ 著名的诺贝尔物理学奖获得者、哥本哈根学派代表人物尼尔斯·亨瑞克·戴维·玻尔（Niels Henrik David Bohr）发现，他最为得意的科学创见——互补思想在中国古代文明中早就是一块哲学的基石。太极图就是互补原理最好的标志和象征。因此，他把太极图作为自己的"族徽"或"图腾"。⑤ 卡普拉（Capra）在《物理学之"道"》一书中详细讨论了东方文化传统对现代物理学研究的启发意义。他认为，东方的有机世界观对于原子

---

① 赵惠田，谢燮正. 发明创造学教程［M］. 沈阳：东北工学院出版社，1987：88.
② 刘仲林. 中西会通创造学［M］. 天津：天津人民出版社，2017.
③ 刘仲林. 中国创造学概论［M］. 天津：天津人民出版社，2001：162 – 169.
④ 李约瑟，钱存训. 中国科学技术史（第二卷）［M］. 刘祖慰，译. 北京：科学出版社；上海：上海古籍出版社，1990：538.
⑤ 林德宏，张相轮. 东方的智能——东方自然观与科学的发展［M］. 南京：江苏科学技术出版社，1993：8 – 9.

和亚原子层次来讲是非常有用的。因此，有机观似乎比机械观更根本。[①] 此外，诺贝尔物理学奖获得者汤川秀树曾受到庄子关于"混沌"思想的启发，比利时诺贝尔化学奖获得者、耗散结构理论创始人伊利亚·普里高津（Ilya Prigogine）强调中国传统思想中的整体性思想意义，等等。我国学者刘仲林、傅世侠、罗玲玲等从创造学视角对中华传统文化进行了研究，但整体上看，尚缺乏全面、系统而深刻的关于创造文化底蕴的挖掘，所以需要大量的学者关注并实践中国地方性文化研究。

（三）重视创造理论探索和创造人格培养

如前所述，经过对各国创新方法的全面而深入的研究后，发现这些方法有其自身的局限性，即缺乏创造性人格的培养方法，这容易陷入经验主义和操作主义。我们应该事先做到未雨绸缪，尽可能地防止出现类似的局限性。这就需要我国创造技法的研究要以创造心理学理论研究为基础，密切结合科学技术实践，同时探讨创造性人格培养方法，另外还需要哲学方法论研究者的关注和进行相关的研究。

首先，创造技法的研究要以创造心理学研究为基础。我国学者傅世侠和罗玲玲在其合著的《科学创造方法论》中指出：从总体上看，所谓创造力研究或现代创造学，一开始就是由两大部分内容组成的。其一大部分内容，是属于发明方法或创造技法本身的研究，往往被称为"创造工程"或"创造工程学"；另一大部分内容，便是属于心理学或创造心理学方面的理论研究和探索。二者有明显的区别，创造工程学的根本目的并不是要揭示创造力本身究竟是什么，而只是在于提高或发展创造力；而创造心理学对创造力的研究，更侧重于创造力的心理构成及其运行机制的揭示。[②] 笔者认为，尽管二者有区别，但它们之间的联系也是很密切的。虽然创造技法的目的不是揭示创造力究竟是什么，但它要提高或发展创造力。既然如此，它就要关注自己的服务对象，了解创造力的内在心理构成及其运行机制，同时提出的技法也要与创造心理学的发展规律相契合。因

---

① 灌耕. 现代物理学与东方神秘主义 [M]. 成都：四川人民出版社，1983：240-241.
② 傅世侠，罗玲玲. 科学创造方法论 [M]. 北京：中国经济出版社，2000：688-689.

此，要重视创造心理学的研究，从而为创造技法的研究和发展奠定良好的理论基础。

其次，创造技法的研究要密切结合科学技术实践。科学技术实践不仅是创造技法产生的重要基础源泉，而且还是检验、应用和发展创造技法的主要领地。因此，要时刻关注科学技术实践，尤其是我国自主创新的科学技术实践。如前所述，由于各方面的原因，我国自主创新的科学技术成果与发达国家相比相对欠缺，这就需要采取多种措施激励科技工作者积极主动地进行创造性研究和开发活动，形成良好而坚实的创新基础。并从方法论角度对科学技术活动过程和成果进行研究探讨，提炼、概括出具有中国特色的创造技法。与此同时，还要向科学技术研究和实践的工作者推广普及国内外的创造技法，鼓励并要求他们参与创造技法的效果检验和改良工作，提高创造技法的实效性。

最后，探讨创造性人格培养方法。在现有的国际创造技法体系中，有一些与创造性人格培养相关的技法，如日本学者高桥诚在《新编创造力事典》中介绍的 11 种态度技法，即冥想法、自律训练法、形象控制法、坐禅法、瑜伽法、交流分析法、交朋友小组法、感性训练法、心理剧法、角色扮演法、创造性戏剧法。[①] 但在日本学者徐方启看来，唯一有使用价值的是角色扮演法，所以关于创造性人格的有效的培养方法在世界范围内也不多。而创造性人格的培养在创造性或创造力开发中具有战略意义，是创造的根本或源泉。因此，需要国内外的相关研究人员在这一领域做大量的工作，通过对创造性人格的深入探讨，并结合科学技术创造实践，提出相应的创造性人格培养方法，从而使创造技法得到充实。

（四）学习国外技术创新方法推广的民间性和主动性

国外一些创造技法产生后以各种方式很快在本国推广应用，并且取得明显的效果，推广的力量是来自民间的，不依靠官方的力量，这取决于民间对创造技法实践的需求和推广者的兴趣，他们对创造技法的作用产生自觉认识和

---

① 高桥诚. 新编创造力事典 ［M］. 东京：日科技连出版社，2002：422 - 448.

热情。

　　例如，受到美国创造性开发高潮的影响，1955 年，日本产业能率大学（以下简称产能大学）面向企业开设"创造性思维课程"，主要课程有头脑灵活创造课程、创造性开发入门课程、创造性开发实践课程，培训时间分别为 3 个月，深受企业欢迎。经过第一代和第二代理事长的努力，产能大学成为日本创造性开发的一大研修中心。据井口哲夫说，截至 1990 年 3 月，已有 9000 多人接受培训。[①]现在，大约每年举办 4 次培训。[②] 1942 年成立的日本能率协会从 1980 年开始关注创造力，并于 1986 年 4 月至 1988 年 7 月对"企业中的创造力开发"进行了深入的调查研究，公开发表了其报告书《创造力革新的研究——企业创造力开发的思考》，其中强调发想法和创造技法训练是创造力开发教育的一部分。[③] 1989 年，日本能率协会在东京工业大学综合理工学研究科系统科学专业 Sam Stern 研究室开设了为期 2 年的"JMA 创造性开发寄付讲座"。[④] 现在，日本能率协会已成为"创造力开发中心"的组织，有关创造力开发的工作由子公司的经营部门担任。主要工作有两个方面：其一是向企业内部派遣讲授创造力开发课程的讲师，对创造力开发入门者、年轻人或骨干职员进行培训，每年大约有 15 个公司进行 20 次左右的培训；其二是通信教育，其中有关创造力开发的有两门课程，即问题发现与解决力开发课程和发想力提高课程，每门课程的培训时间都是 3 个月。问题发现与解决力开发课程每年约有 1 万人接受培训，发想力提高课程每年约有 800 人接受培训。[⑤]

　　1963 年 8 月，京都创造性开发研究会在大阪科学技术中心开始讲授以等价变换理论为主的长期讲座——"企业的创造性开发课程"，至 1976 年共举办 14 次，

---

　　① 井口哲夫. 创造性科学论 ［M］. 东京：白桃书房，1992：24.
　　② 徐方启. 中日企业における創造性開発の比較研究 ［D］. 东京：北陆先端科学技术大学院大学，2004：88.
　　③ 日本能率协会. 創造革新の研究－企業における創造力開発の考え方 ［R］. 东京：日本能率协会，1988.
　　④ サム・スターン，井口哲夫，駒崎久明. 企業の創造性いかに開発し、いかに開花させるか－研究開発部門のための創造開発に関する実態調査最終報告 ［R］. 1991.
　　⑤ 徐方启. 中日企业における創造性開発の比較研究 ［D］. 东京：北陆先端科学技术大学院大学，2004：93－94.

由来自 250 个公司的 727 人参加。① 1968 年由中山正和创建的株式会社中山技术研究所（后更名为"创造工学研究所"）推广普及中山正和的 NM 法。国内外著名的创造技法研究领域的专家高桥诚于 1974 年创建了株式会社创造开发研究所，40 多年来，在发想法、企划、命名、商品开发、创造教育等方面作了很多贡献，积累了丰富的经验。此外，日本还面向学校开设"思维训练"和"创造技法"之类的课程，训练学生的创造性思维和技能等。

通过上述这些创造力开发活动，极大地提高了日本人的创造力，发明专利和独创性商品数量不断增加。早在 20 世纪 80 年代前后，就有人对日本企业等的发明专利情况进行了统计，其数量确实惊人。这从 2002 年的美国专利注册件数的前 10 位公司名单（见表 3-1）中也可窥其一斑。

表 3-1 2002 年美国专利注册件数前 10 位公司②

综合	日本企业（个）	专利权者	件数（件）
1		IBM	3288
2	1	佳能	1893
3		MICRON TECHNOLOGY	1833
4	2	NEC	1821
5	3	日立制作所	1602
6	4	松下电器产业	1544
7	5	索尼	1434
8		GENERAL ELECTRIC	1416
9		HEWそれをLETT-PACKARD	1385
10	6	三菱电机	1373

1997 年起三菱研究院开始向企业提供 TRIZ 理论培训和软件产品。1998 年，大阪大学建立了日本 TRIZ 网站；三洋管理研究所成立了日本 TRIZ 研究小组，向企业、高校和研究机构提供 TRIZ 理论培训和咨询。1999 年日本学者基于 TRIZ

---

① 中野順一. 等価変換創造学会にいたるあゆみ [J]. モノグラフ（第一号），1985：40.

② 徐方启. 中日企業における創造性開発の比較研究 [D]. 東京：北陆先端科学技術大学院大学，2004：115.

理论提出统一结构发明思想（Unified Structured Inventive Thinking，USIT）。在研发能力方面，日本的索尼、松下电器产业、日产汽车、富士施乐、理光、日立制作所都在技术和产品开发中研究应用 TRIZ 理论，并取得了成功。例如，日立公司在硬盘驱动器的开发中，将 TRIZ 理论的矛盾矩阵参数与硬盘驱动器技术参数之间进行比对，将发明原理与现有硬盘驱动器的专利进行比对，取得了两项硬盘驱动器开发成果。

| 第四章 |

国内技术创新方法推广现状及分析

TRIZ 理论作为一种历史较短的创新方法，来源于实践，是从大量专利文献中，分析人类社会已有技术创新成果，基于各学科基础知识，总结出各种技术发展进化遵循的发明创造模型。它成功地揭示了创造发明的内在规律和原理，并基于技术发展的进化规律来研究整个技术发展过程。可快速确认和解决系统中存在的矛盾，大大加快发明创造进程，提升创新的能力。

一、国内技术创新方法推广现状

（一）技术创新方法推广试点省市推广现状

国内对 TRIZ 理论系统的研究学习也不过 20 年时间，目前仍处于宣传、推广阶段，但已有越来越多的国人认识到其对技术创新的重要性。2008 年 4 月，科学技术部、国家发展和改革委员会、教育部、中国科学技术协会联合下发了《关于加强创新方法工作的若干意见》，并在部分省市开始试点推广 TRIZ 理论。这一政策的推行对解决我国建设创新型国家的过程中面对的问题，将起到开路先锋的作用。自 2007 年 8 月起，黑龙江省、四川省、江苏省先后成为我国科学技术部推广 TRIZ 理论的首批试点省。2009 年科学技术部又批复了天津市、浙江省、山东省、湖北省、广东省、重庆市、陕西省、新疆维吾尔自治区、厦门市共 9 个省区市为推广 TRIZ 理论的试点省市，以全面推进创新方法试点工作。

1. TRIZ 理论在黑龙江省的推广现状

自被列为国家首批技术创新方法试点省后，黑龙江省就将 2007 年作为启动宣传年，2008 年作为企业培训年，而 2009 年作为学术研讨年，3 年迈了三大步。

虽然只有短短的 3 年多时间，黑龙江省 TRIZ 理论推广工作却有一个质的飞跃，成为全国"TRIZ 理论推广第一省"。在此期间，黑龙江省采取的是以政府为主导的推广方法，由黑龙江省科学技术厅组织进行较大范围的 TRIZ 理论专业培训，进行的各级别培训达到 28 期，培训人员达到 2735 人次；举办 TRIZ 理论培训讲座 100 余场，培训科技人员 5 万余人。

黑龙江省不仅请来了国内的顶级专家进行培训，还利用其地缘优势聘请了俄罗斯专家进行原汁原味的 TRIZ 理论讲授，不同层次的培训为学习者对 TRIZ 理论的理解与应用打下了良好的基础，更是在这个过程中建立了自己"本土化"的培训团队，为之后的 TRIZ 理论进一步推广普及做了必要的铺垫。培训的层面主要包括地市政府部门和重点科研院所、高校、企业等。黑龙江省还建立了全国第一家 TRIZ 理论网站，其点击率居全国首位。已出版了很多高校 TRIZ 理论教材，编写、翻译了 TRIZ 理论的培训教材和简易读本，在省内部分高校开设了本科生、研究生选修课和公共选修课。

黑龙江省 TRIZ 理论推广主要采取宣讲、培训等方式，对科技人员和管理人员采取点对点培训和专家咨询指导，并且这种方式也很见成效。通过对 TRIZ 理论的学习与应用，不断有发明专利、实用新型专利申报成功，并且已有专利投入生产使用。如黑龙江迪尔制药机械有限责任公司与北京同仁堂共同开发全自动蘸蜡机，就用 TRIZ 理论分离法等原理解决了关键技术问题，实现了多针定位、缓升缓落，达到技术标准要求，与手工操作相比提高效率近 40 倍；如哈尔滨新中新电子股份有限公司利用已有技术，结合 TRIZ 理论中的组合原理，设计出了一种会客登记装置——"易访通"一体机，可以自动读取证件（一、二代身份证，驾驶证等），并可自动存储、统计分析，提高了访客登记效率和确保了真实性。

黑龙江省在 TRIZ 理论推广过程中非常重视本土化研究培训团队的组织建立。在 2008 年就率先成立了国内首家省级技术创新方法研究会，而黑龙江省生产力促进中心、东北林业大学、黑龙江中俄科技合作与产业化中心、黑龙江电力职工大学等试点单位都相应地成立了 TRIZ 理论研究室（教研室、实验室、研究中心），并且还有黑河市 TRIZ 理论研究所、双鸭山市创新协会等社会学术团体相继成立。这些部门的成立使得为专门开展 TRIZ 理论研究及促使 TRIZ 理论国产化和标准化的组织体系初步形成。

2. TRIZ 理论在江苏省、四川省的推广现状

江苏省是我国科学技术部首批技术创新方法试点省之一，江苏省科技人力资源丰富，原创成果较多，创新氛围近年来也大大改善，因此拥有良好的推广和应用 TRIZ 理论的基础。

与黑龙江省对 TRIZ 理论推广的过程相比较而言，有一部分工作是相似的。主要是从师资培训、教材编写、企业培训试点等方面开展工作。仅仅从 2008 年开始开展 TRIZ 理论推广的 1 年多的时间里，江苏省就举办各种技术创新方法大型报告会、巡回宣讲会 18 场，培训科技人员和管理人员 4000 余人；遴选首批 18 家试点企业，培训企业研发骨干 550 人。举办了师资培训班，培养本土师资 35 人；研发了针对不同培训对象的技术创新方法（TRIZ 理论）课程体系，编制了发明问题解决理论（TRIZ）培训教材，初步架构了技术创新方法推广应用服务平台。企业研发人员运用 TRIZ 理论，申请专利 26 项，其中有 7 项获得了授权。

而四川省自被批准为我国科学技术部首批推广 TRIZ 理论的试点省起，则是以搭建一个创新方法理论研究平台为宗旨，启动了技术创新方法企业行与学校行的相应活动。设立了德阳、泸州两个创新方法工作试点市，确立了一批试点企业。这批试点企业又划分为创新方法示范企业、创新方法试点承包企业、创新方法培育企业。目前，四川省已经在创新方法集成研究、TRIZ 理论本地化研发、行业性 TRIZ 理论人员培训等方面形成了优势和特色。

3. TRIZ 理论在其他省市的推广现状

2009 年，我国科学技术部又批复了天津市、浙江省、山东省、湖北省、广东省、重庆市、陕西省、新疆维吾尔自治区、厦门市共 9 个省区市为推广 TRIZ 理论的试点省市，以全面推进创新方法试点工作。

试点省份的推广工作在陆续展开，其中山东省自 2008 年开展创新方法工作，已有多个市、多所高校以及部分企业进行了创新方法应用试点，举办培训班、举行报告会等，并在企业开展了创新方法应用。天津市早在 2009 年 1 月就正式拉

开了推广工作的序幕，并创建了专门的"创新方法"网站；依托本市专家力量，开始了对工程技术人员开展 TRIZ 理论专业培训。广东省更是在 2007 年就已经开始创新方法的推广工作，在省内地市及大型企业开展以 TRIZ 为主的创新方法培训，并进行师资培训，组建"本土化"的师资团队。陕西省也在 2009 年建立了专门的创新方法网站，在一年中成立了省创新方法研究会，并在 3 个科研院所举办了培训班。

有学者把黑龙江省的 TRIZ 理论推广工作划分为 3 个阶段，即宣传普及（2008—2010 年）、试点应用（2011—2013 年）和全面推广（2014—2020 年）阶段。本书一直认为 TRIZ 理论推广是一个长期的过程，所以对上面的划分方法有初步的认可。如果按这样的划分，那么目前，无论是黑龙江省还是其他试点省市，TRIZ 理论推广工作重点都是宣传和普及。各省市基本都是采取先进行大范围宣传、培训，举办各种层次的培训班，把企业、高校、科研院所的力量整合起来，进行 TRIZ 理论的宣传推广。

（二）辽宁省创新方法推广现状

自主创新、方法先行，辽宁省企业自主创新能力相对薄弱、效能尚不高；应用型科研院所新技术、新发明供给性不足；高校对企业所需的创新性人才支持不足。这一现状，与科技人才对创新方法的掌握程度低有很大关系。

辽宁省内企业也进行过一些创新方法的学习，但咨询公司门槛过高，使得 TRIZ 理论等创新方法的推广只在少数企业中进行，多数企业无法承受。省内一些政府部门也进行过创新方法的普及工作，如辽宁省人力资源和社会保障厅"5520 工程"中，将"创新能力开发"列为科技人员继续教育的公需科目之一，在公务员岗位培训中也将"创新能力开发"列为课程之一，但均是几种课程选修一种即可，没有达到全面普及；另外，这种培训以知识传授为主，还没有达到与企业实际问题很好结合，也没有将 TRIZ 这样更专业的创新方法充分融入其中。另外，利用计算机软件来达到对专业性创新方法掌握方面尚有较大差距；各地师资力量参差不齐也造成推广效果难以尽如人意。

辽宁省内有高校开展 TRIZ 理论的教学和科研工作，如东北大学对在校的本科生和研究生开设"创新设计（TRIZ 理论）"课程，也对上海宝钢集团、中国首钢集团、沈阳鼓风机集团股份有限公司、沈阳重型机械集团有限责任公司等10 多个企业的工程硕士研究生开授"技术创新理论（TRIZ 理论）及应用"课程，也有部分教师针对部分企业进行过短期的"创新方法（TRIZ 理论）"培训，但这些做法还尚未形成系统的、大规模的宣传、培训，所以收效尚不理想。

　　总而言之，辽宁省对创新方法的普及存在着对重要性认识不足、创新方法培训内容针对性差、培训方式落后、缺乏系统整体的规划和有效的政策保障等问题，这些问题亟待解决。为了下一步顺利开展创新方法的推广普及工作，辽宁省有必要结合文件精神和试点省市的经验，先期进行研究，以利于制定科学的规划，提出有效的政策加以保证。

二、技术创新方法推广的优势和存在的问题

　　TRIZ 理论指导人们进行发明创新，是协助人们解决发明问题的最有效的方法体系。这样的理论大大强化了人类自身的能力，直接将人的思路引向问题的核心部分，引导我们以最少的花费和最快的速度找到最高质量的解决问题的方案，创造性地从不同的角度思考解决问题的方法。学习者把这一理论作为一种创新工具，可以在相对短的时间内使自己成为发明专家。

（一）以政府为主导的优势

　　各试点省市在 TRIZ 理论推广过程中无一不是以政府为主导的。以黑龙江省为例，是在省级领导的直接领导下，以黑龙江省科学技术厅为主，围绕着 TRIZ 理论的推广应用开展工作。其间，更是建立了独特的技术创新方法（TRIZ 理论）工作联席会议制度，以省科学技术厅、省发展和改革委员会、省教育厅、省科学技术委员会四部门为核心，省财政厅、省经委、省人力资源和社会保障厅、省农业委员会等十几家单位为成员，第一时间对 TRIZ 理论推广过程中遇到的问题给予解决，最大限度地排除前进中的困难。并且各试点省市在 TRIZ 理论推广过程

中所涉及的资金、协调工作、组织宣传培训等都是以政府为主，以上各省市的实际推广中的政府主导作用至关重要。

对比来看，国外创新方法的推广普及更多地来自民间力量。如索尼公司每年推出的新产品，其动力来源于 TRIZ 理论方法的研究应用；日本的汽车制造商 Honda（本田）利用 TRIZ 理论软件，缩短项目信息调查分析阶段的平均时间，使平均时间从 22000 小时减少到 1000 小时等。可见日本主要以企业为主导推广、应用 TRIZ 理论方法。反观中国创造技法的推广，多数要依赖于官方的推动或以半官方（科学技术协会和发明协会）的形式进行，纯粹民间的力量相对很弱。如近年来对 TRIZ 理论推广的做法，其优点是可动员政府的资源，产生较大的影响，但由于不是自觉的行为，其缺点往往是一阵子热，一阵子就冷下来，缺乏持久性。

（二）TRIZ 理论推广在形式上、内容上都有深入发展

我国学者也为 TRIZ 的发展完善作出了贡献：黄洪钟使用 Matlab ANN 工具箱，将冲突矩阵变换为一个 3 层 BP 人工神经网络模型；洪浩研究了在缺矛盾信息下的解决方法；亿维讯公司针对国内需求，推出多层次创新解决方案；戴庆辉实例概括了概念设计中物场分析的把握重点；檀润华提出了未来需求预测原理，定义了困难功能元的概念及效应综合方法；张建辉提出如何搜索产品技术进化潜力及构建进化潜力雷达图的方法，开发了产品技术进化潜力预测系统，可帮助企业快速把握产品的技术走向。

我国的一些研究者还在统一结构发明思想、问题特殊解的概念搜索、对系统故障的定性和定量分析、绿色优化设计等方面对 TRIZ 理论进行大胆改进，并收到一定的效果。

在 TRIZ 理论的基础上，通过对企业推广的实践，DAOV 推广模式逐渐发展成熟。DAOV 是一种能够帮助企业真正贯彻落实自主创新，以技术创新提升企业绩效的实施流程与方法论。1997 年，摩托罗拉引入这种方法论，取得了有目共睹的骄人成绩。2004 年，亿维讯为中兴通讯开始了创新方法论的实施工程，仅在前期导入培训阶段就凸显了良好效果，21 个技术难题取得了突破性进展，6 个

项目申请了相关专利。

以国内最大的饲料机械生产商之一牧羊集团为例，历经 3 年公司筹划实现大跨越式前进，对于研发和创新能力提出很高的要求。2009 年 7 月，牧羊集团请亿维讯公司（专门从事 TRIZ 方法培训的公司）培训创新方法。牧羊集团研发中心是 DAOV 培训的主要对象，它们希望通过创新方法，利用计算机辅助创新平台 Pro/Innovator，获取有效的高质量解决方案。

DAOV 培训分 3 期（共 9 天）。经过全面的解决方案验证，在培训结束时，面对 5 个实际产品改进课题产生的 5 个解决方案，牧羊集团研发中心 36 名学员和集团领导都颇为满意。对于计算机辅助创新平台 Pro/Innovator 在专利技术生成、专利撰写方面的功能，学员们更为感兴趣，希望能够把计算机辅助创新平台 Pro/Innovator 作为企业基础的辅助创新工具普及应用。

（三）技术创新方法推广过程中遇到的问题和困难

目前，各试点省市在推广 TRIZ 理论时都遇到了一系列的问题，其中资金投入、培训所需师资、TRIZ 理论与实践的结合、TRIZ 理论本身的局限性等问题表现得尤为突出，这些问题如瓶颈般制约着 TRIZ 理论在我国的推广和普及。

1. TRIZ 理论推广过程中的资金问题

在最初两年多的推广过程中，各省市走过了大范围的普及培训后，资金问题很自然地凸现出来。以黑龙江省为例，在取得丰富的 TRIZ 理论推广经验和阶段性成果的同时，面对下个阶段工作的来临，资金问题也接踵而来。黑龙江省在最初的 TRIZ 理论推广 2 年多的时间里，各级投入大约 2000 多万元，主要用于聘请专家讲师、租用场地等。初期为了吸引技术人员来参加培训，食宿费用甚至全部由组织者来负担。这还仅仅是初级阶段，后续的费用就 TRIZ 理论推广的长期性而言，肯定会是一笔不小的资金。如黑龙江省作为科学技术部推广 TRIZ 理论的首批试点省，资金来源涉及科学技术部及该省内部。如果是非试点省市，少了来自科学技术部的那部分资金，恐怕只能从本省解决。无疑，资金问题需要从各个方面予以考虑解决。

2. TRIZ 理论推广过程中的师资问题

在培训过程中，另一个与经费息息相关的问题就是师资问题。聘请外籍或是国内专家不仅费用高昂，也无法保证后期到企业点对点跟踪解决问题，因此培养"本土化"师资势在必行。但由于 TRIZ 理论涉及的专业知识复杂，包括机械、自动化、化工、物理、航天等，相应地对培训师资的专业背景要求较高。因此，培训师的理工科背景成为一种必要，并且还必须具备丰富的专业实践经验，这样才能在自身对 TRIZ 理论有深度理解及应用基础之上，开展对学员们的培训及指导。

此外，培训师的时间和精力也是一个重要问题。首先，培训师自身从接受培训到完全能应对培训工作就需要一段持续的时间，甚至在自身接受培训这段时间内几乎是封闭的训练。接下来在培训期间如果是重复这样的时间安排，培训后还须有时间及精力对 TRIZ 理论在企业的应用做跟踪指导。同时基于 TRIZ 理论推广的长期性，无论是高校教师还是科研院所工作人员等都需要在很长时期内投入相当的时间和精力，这样就会与这些培训师原本的工作产生冲突。

3. 理论与实践的结合尚存在问题

目前，国内大部分企业普遍迫于生产压力，无暇顾及产品创新。因此，TRIZ 理论在国内尚未得到广泛推广。不过在国际经济形势瞬息万变的今天，企业纷纷意识到，只有掌握核心技术，才能有效降低制造成本，走可持续的、国际化道路；只有真正地改"中国制造"为"中国创造"，企业才能具有立于不败之地的竞争力。

不同行业的企业，存在着不同的技术问题，同一企业内部的技术问题也具有复杂性。那么 TRIZ 理论怎样与企业实际问题结合起来，真正在企业技术创新过程中起到实际作用，可能培训师的任务就不仅仅是进行培训这么简单，培训后很长一段时间内企业还需要培训师指导企业技术人员的现场应用。

还有部分生产制造企业，在生产制造阶段本身就运用某些创新方法，如六西格玛、精益生产（LP）等。因 TRIZ 理论与这些创新方法并不冲突，即在生产制造前阶段——创新方案生成、研发设计和详细设计阶段运用 TRIZ 理论，在生产制造阶段运用六西格玛、精益生产（LP）等创新方法，那么这样的企业如何把现在正在使用的这些创新方法与 TRIZ 理论结合起来以实现企业的自主创新是最大的问题。

4. TRIZ 理论本身的局限性

TRIZ 理论对于一般性标准的发明问题都可以运用发明问题标准解法、效应知识库、技术矛盾创新原理和物理矛盾分离方法四大工具予以求解。可以概而言之，TRIZ 理论是主体对工具的使用，这样必然忽视了主体的存在。甚至有学者认为对 TRIZ 理论的运用会使得作为主体的人的创造性在使用作为工具的 TRIZ 理论过程中起不到多少作用，久而久之甚至会被泯灭。

另外，按照根里奇·阿奇舒勒的观点把发明等级分为五级，分别为第一级合理化建议，第二级适度新型革新，第三级专利，第四级综合性专利，第五级新发现和基础性专利。而 TRIZ 理论解决的是发明等级中的第一级至第四级问题，也就是说发明中的重大问题即第五级的问题是无法解决的。TRIZ 理论本身是具有上述局限性的，并非是解决所有科技创新问题的万能工具。

| 第五章 |

辽宁省技术创新方法普及的
路径分析及对策建议

根据黑龙江省等试点省市推广的经验，有一些方式可以仿效，但同时需要指出的是，这些试点省市的推广普及工作尚未形成完全成熟的模式。因此根据这些TRIZ 理论推广试点省市的经验，结合辽宁省本省的实际情况，本书提出如下有针对性的辽宁省技术创新方法普及的路径及政策建议。

一、辽宁省技术创新方法普及的路径分析

（一）企业培训研发人员路径

近些年来，随着社会和经济的发展，人力资源作为最宝贵的资源，在企业经营管理中的作用越来越重要。企业间的竞争归根到底就是人才的竞争。人才是所有培育核心竞争力诸要素中最根本、最关键的一个要素，是企业最重要的财富。企业研发部门又是最重要的创新部门，只有对人进行培训和教育，提高和发挥人的潜能，提升工作绩效，才可能在激烈的竞争中使企业不断成长发展。员工培训成为重要的提高员工素质的手段，作为技术创新的主体，创新方法推广普及的主阵地是企业，研发人员又是重中之重。

人力资本理论认为，人力资本再生产过程中，通过内部效应和外部效应能促

进经济增长，且人力资本投资收益率要远高于物质资本投资收益率，先进技术的引进、吸收和创新以及先进管理方式的运用都需要以高水平的人力资本为前提。人力资本的内部效益要通过企业内部的知识流动和知识更新来完成。同时，分享无言知识，产生知识的水平交叉，知识创造才能既在团体内部，又在团体与团体之间发生。[①] 张利飞、曾德明、张运生对 R&D 人员的激励要素的实证研究表明，学习培训对 R&D 人员的激励具有显著作用（排在前 3 位）。[②] 由于高新技术企业的技术和知识的更新与发展是爆炸式的，对 R&D 人员来说，积累、更新知识是保持一定可得价值的知识资本和竞争优势的有效途径，特别是处于发展期的、刚参加工作不久的 R&D 人员，把学到知识、提高解决问题的能力作为首要的工作目标。

对企业研发人员来说，专业知识并不是最重要的，专业技能培训和创新方法培训则是专业技术人员更需要的内容。一些在企业创新方面走在辽宁省前列的企业都非常重视研发人员的培训，与通常的培训不同的是目前的创新方法的培训与企业实际工程技术问题相结合，而且使用现代化的计算机创新平台 Pro/Innovator。

南京德朔实业是国内知名的电动工具制造商，拥有自主研发、模具、压铸、注塑、电机和机械加工等多种核心能力，呈现纵向一体化的特色。公司CEO 认为：构建创新文化，为持续发展而培养创新人才，这是应对全球竞争的最有效策略。

2009 年上半年南京德朔导入 TRIZ 理论和 Pro/Innovator 平台，其研发工程师团队利用该平台在 4 个月的时间内解决了 20 多个实际项目，生成了 123 个解决方案，并对所得方案进行验证，有 4 个专利产生，包含 2 个发明专利。其中提高投线仪的报警可靠性项目，借助 Pro/Innovator，对系统进行了功能分析，明确了过位报警不良问题和改进方向，对问题产生的根本原因进行了研究，建立了问题的因果链，利用平台中的创新原理模块和知识方案库得到了 7 个备选方案。最终

① NONAKA I, TAKEUCHI H. The Knowledge-Creating Company：How Japanese Companies Create the Dynamic of Innovation [M]. New York：Oxford University Press, 1995：74 - 83.

② 张利飞，曾德明，张运生. 高新技术企业研发团队治理及其实证研究 [J]. 科学管理研究，2004 (4)：45 - 48 + 69.

将评价后的最佳方案，进行了进一步的首板实验及批量验证，有效地解决了问题，将生产直通率从85%提高到99.3%以上。

（二）高校理论研究和培训师资路径

高校在普及创新方法的工作中身兼三重任务：创新方法理论研究、培养创新方法师资、在大学生中传播技术创新方法。

早在20世纪80年代，美国麻省理工学院著名技术创新方法研究学者李跃滋就提出一种非常有效的高校推广技术创新方法的机构——创新中心。作为培训未来创新家和工业领导人的创新中心有两个任务：其中之一是从事课题教学和研究创新方法；另一个任务就是为发明新产品的企业服务，并在完成该项目标中给学生实践的经验。如图5-1所示就是创新中心对于大学和产业相关的结构略图。①

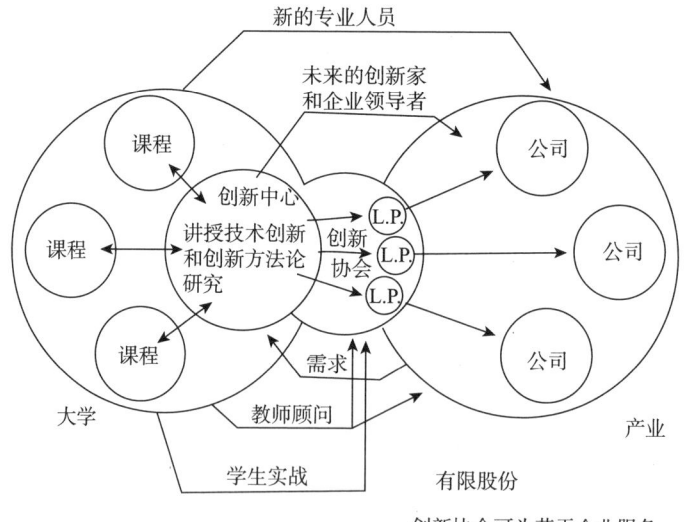

图5-1　创新中心对于大学和产业相关的结构略图

---

① 李跃滋，D. G. 杰恩森，E. G. 克拉瓦尔浩. 教育和工业中的技术创新 [M]. 陈允智，等译. 北京：新时代出版社，1982：280.

创新中心与产业的联系通过创新协会来完成。创新协会附属于大学，是不以营利为目的的组织，但它又不受大学日常行政管理的约束，因此在处理与企业的关系时，就灵活得多。通过创新协会，大学直接接触来自政府或企业的情报，了解工业和社会的需求；创新中心的教师又参与大学的教学活动，对学术前沿有深入把握，能够在创新方法的研究方面得到独特的成果；同时在大学里，技术科学和企业管理的知识广泛，加上咨询的灵活安排，使新产品开发不致冒太大的风险，又能将创新实践尽早地引入教材和实验操作中去。

东北大学是创新方法研究的重镇，早在 20 世纪 80 年代初期，科学技术哲学专业的老师就与辽宁社会科学院、大连理工大学等单位的人员一起合作，翻译出版了 30 多本创造力研究和创新方法的书籍。中国最早介绍 TRIZ 理论的书籍，就是来自东北大学。目前，东北大学赵新军博士自 1999 年开始接触和了解 TRIZ 理论以来，一直从事 TRIZ 理论的教学和科研工作。先后为在校的本科生、研究生讲授"创新设计（TRIZ 理论）"课程。先后为宝钢、鞍钢、首钢、马钢、沈鼓、沈重等 10 多个企业的工程硕士讲授"技术创新理论（TRIZ 理论）及应用"课程。目前，东北大学科学技术哲学专业罗玲玲教授和她的一批博士生专门研究创新方法，在国内外都有一定影响。在东北大学这样有深厚基础的高校建立创新方法的研究和培训中心，以此路径向社会扩散，是最理想的路径之一。也可尝试成立像李跃滋先生提出的创新协会这样的中间组织，挂靠在高校，搭起高校知识生产与企业创新实践之间的桥梁和平台。

创新方法还能促进高素质创新人才培养。创新的基础是人才，培育具备创新能力的创新型人才和创新团队是建设辽宁省的人才基础和长远保障。在辽宁省开展科技创新方法普及的不仅有企业，更多的其实是高校、科研院所的参与。通过研究推广创新方法，提升科研院所、高校的研发能力，培养大学生的创造能力，将极大地改善辽宁省的科技创新整体实力，促进教育改革。

（三）工会组织培训高级技工路径

在新中国工运历史中，发源于沈阳的职工技术协作活动在全国影响巨大，延续至今，长盛不衰。20 世纪 60 年代，沈阳的国营工厂出了许多职工技术革新的能手，如吴家柱、吴大有、林海丰、王凤恩、张成哲、尉凤等。这些技术工人不仅技能超群，而且勇于创新，他们白天工作，晚上聚集在一起，研究解决技术难题，后经工厂的大力支持，提供场地、经费，成立了正式的职工技协。职工技协任务确定为：攻关、革新、推广、提高。沈阳市职工技协成为全国的旗帜，经验被推广到全国40多个城市。

从2007年起，沈阳市职工技协以振兴老工业基地为己任，实施"百千万技能人才培育工程"，5年产生技术大王100名，技术标兵1000名，技术能手1万名。2009年2月，沈阳市职工技协新成立车工、钳工、焊工、数控机床、电工电子、热加工、计算机辅助设计等技术协会。之后，各专业协会已发展240多名会员，还曾多次邀请东北大学教师对技术工人进行创新方法的培训，取得较好的效果。其经验是将创新方法作为技术工人技术晋级的一门必修课，保证了学习组织的效率。

早在20世纪90年代，在已成为沈阳市工会副主席的吴大有主持下，沈阳市工会与东北大学（当时的东北工学院）的教师一起编写出版了《创造力开发丛书（企业、科技人员、班组团队共3册)》，可谓在全国工会中开启先河。因此，辽宁省沈阳市的工会系统是创新方法普及的另一重要路径。

（四）科学技术协会培训科技人员路径

科学技术协会是科学家之家，科技工作者掌握创新方法的意义更为重大。在创新方法普及过程中，科学技术协会担负"各行业学会和培训基地师资培训""地区试点师资培训"的任务，同时面向制造、电子、农业、材料、能源、环保6个专业领域承担专业教材编撰等工作。2008年中国科学技术协会举办了两期TRIZ（萃智）理论师资培训班，培养了80名师资，解决各地和大行业学会及有关单位培训师的需要。通过4天的学习和答辩，最终学员们获得IWINT TRIZ师资一级认证培训证书，为中国科技咨询中心顺利完成科学技术部部署的技术创新方法培训试点工作实施任务奠定了良好的开端。

除了中国科学技术协会之外，各地科学技术协会也十分重视创新方法的普及，广西壮族自治区科学技术协会、河南省科学技术协会、上海市科学技术协会等都以科学技术协会为舞台，进行创新方法的培训。据《上海科技报》报道，2009 年至今，上海市科学技术协会已在各级科学技术协会、学会、高等院校和企业成功地组织了针对不同行业、不同层次的技术和管理人员的创新理论与方法培训，助推企业转型发展。实践证明，创新方法是自主创新的根本之源。只有遵循创新规律，研究创新方法，才能突破创新效率瓶颈；只有提高创新效率才真正符合中国的国情，让创新变得"多、快、好、省"。

上海市科学技术协会首先与企业科学技术协会携手，创建联动合作新模式。考虑到新形势下，民营企业已经成为我国经济社会发展中最活跃的实体组织，并且也是科技人员比较密集的地方，市科学技术协会与海隆石油工业集团科学技术协会携手，联合举办创新技法及理论普及讲座及研修班，一线科技人员及管理人员参加了讲座及研修班的学习。

此外，市科学技术协会还结合区县实际工作，联合科技园区，与高新技术企业开展合作，推动创新培训项目的深入开展，受到了各方好评。例如与上海印钞有限公司、泛亚汽车技术中心有限公司、上海通用汽车有限公司等联合举办创新技法及理论讲座，围绕创新文化与创新思维、科技创意应用案例、创新与低碳生活理念、创新方法与技法应用等内容，指导广大青年科技工作者如何在技术创新实践活动中掌握正确的认识论和方法论。

珠海市科学技术协会为全市企业技术骨干成功举办免费的 TRIZ 理论培训，每期培训都受到全市广大科技工作者的热情追捧，报名人数不断攀升，格力、丽珠、天威、伟创力、凌达压缩机、纳思达、讯达科技、龙丰钢管等企业每期都选派 10 多名技术工程师或项目经理参加脱产培训。培训学员丽珠制药公司技术部经理郭国颂借助 TRIZ 理论关于技术冲突和物质场的分析方法，从化工专利检索中为新药制剂找到了理想的中间介质，使企业在核心技术攻关上至少提前半年实现了既定目标。拥有 1500 多项发明专利的珠海天威打印耗材公司在 TRIZ 理论指引下，建立了企业自己的技术创新体系，在打印机墨盒的结构创新上，天威的科技人员用先进的单项阀控制代替木棉芯装置，将国外同类产品 50% 的墨水残留降低到"用尽最后一滴墨水"。珠海市科学技术协会免费为全市近千家科技创新型企业培训了几万名真正掌握 TRIZ 理论与方法的高级创新人才。

辽宁省科学技术协会和沈阳市科学技术协会都曾是全国率先开展创新方法研

究和普及的科学技术协会。在 20 世纪 80 年代，辽宁省科学技术协会在赵惠田主席的导引下，与东北大学的教师一起编写了国内第一本《发明创造学教程》（1987，赵惠田、谢燮正主编）。在辽宁省科技人员中开展创造方法的培训，可谓开先河之人。沈阳市科学技术协会曾经在普及创新方法方面全国闻名。20 世纪 90 年代初，沈阳市科学技术协会在老市长武迪生的倡导下，成立了沈阳市创造力开发协会，一方面支持中小学开展创造教育的实验；另一方面认真总结企业创新方法和经验，编写了针对企业的创新方法系列丛书。在新的形势下，辽宁省科学技术协会及沈阳市科学技术协会发扬传统，应在辽宁省推广创新方法的工作中扮演重要的角色。

（五）社会学术团体咨询服务路径

中国机械工程学会、中国创造学会、中国发明协会社团组织都在积极地推广普及创新方法。从 2008 年开始，中国机械工程学会作为科学技术部"创新方法培训"项目的重要成员，在全国范围内分期和有步骤地开展技术创新方法培训工作，加快推进创新方法培训深入实施，并指出在企业创新方法培训中，以培养新型创新人员为重点，创造环境，提供条件，通过集成使创新能力培养全面发展起来。将来逐步延伸到科技创新、管理创新、体制和机制创新。培训对象：机械、汽车、石油、化工、轻工、国防、航空、航天、电力电气系统等行业从事技术研发、产品设计的骨干、总师、项目负责人；质量管理及有关企业高管人员；高等院校从事工程专业教育、管理工程、工业工程等学科的中青年教师、博士研究生、科研人员；以及对研究创新理论和方法有浓厚兴趣，用以寻找研究方向、突破研究瓶颈的专家及希望加强培养创新能力的工作者。

社会学术团体应发挥学术研究作用，在制定师资认证标准、评估推广应用 TRIZ 理论的评价指标体系设计、推广 TRIZ 理论效果评价方法与过程设计方面做更多的工作。

二、辽宁省技术创新方法普及的战略

坚持创新方法先行的原则，充分利用辽宁省企业、高校、科学技术协会、工会、社会学术团体和技术咨询机构良好的基础，调动多方的积极性。技术创新方法推广的战略是：重在提高企业技术创新的实效；技术创新方法普及应采取政府主导多种路径协同的模式；技术创新方法普及的内容模块化，以 TRIZ 理论方法为主，辅以其他创造技法；推广应先点后面，逐渐铺开。技术创新方法的普及既要有完成任务的路径和方法，也要有保障措施和对策。引入国外技术创新方法要关注方法的文化背景，技术创新方法推广组织建制合理化；技术创新方法培训团队本土化保证推广的长期性及有效性；从形象化入手，提高受众对技术创新方法的接受度；充分利用现代化的技术手段提高推广普及效果等。

（一）构建以政府为主导多种路径协同的推广模式

TRIZ 理论推广的目的是为了培养具有创新能力的人才，提升国家整体科研实力，开展自主创新，建立创新型国家。所以作为这一推广政策的制定主体——政府责无旁贷地负有主导责任，这样在 TRIZ 理论推广的过程中，不仅可以约束人们的行为准则，还可以指明发展的方向。

1. 开展宣传教育，加大宣传力度

TRIZ 理论宣传教育的目的是提高产、学、研各界特别是企业对技术创新方法重要性的认识，使广大企业认识到 TRIZ 理论的重要性，了解其重要作用，提高它们应用 TRIZ 理论的积极性。加大宣传力度，可以采用两种方法：一种是普及性宣传，利用电视、网站、报刊、宣传板、讲座等多种媒体和方式向社会各界进行宣传普及，让更多的人了解技术创新方法；另一种是面向专业人士的宣传，包括专业杂志、专题网上平台、软件产品、专题研究小组、培训等。

2. 制定政策引导社会各方力量参与技术创新方法的普及工作

实践证明，根据各试点省份的推广经验，以政府为主体，自上而下，利用各种科技政策，引导企业、高校、科研院所、科学技术协会、工会、学术团体同时参与推广，是行之有效的。政府对整个推广起到负担全局工作并做好策略规划及方案的作用，对推广过程中遇到的问题作出最快的回应，并及时调整出最适合的方案，形成一个长期的、有效的模式。领导者指导思想明确，创造发明活动才会蓬蓬勃勃地开展起来。前面提到的黑龙江省在这一方面正是一个非常典型的成功案例。

3. 采取一定的行政手段，加强人力资源培训的政府购买

为加快辽宁省老工业基地的全面振兴，实现转型振兴的宏伟目标，辽宁省人力资源和社会保障厅在全省科技人员和公务员中开展创新能力开发与训练课程培训。通过学习培训，使科技人员和公务员拓展思维视角，掌握创新方法和技能，培养创新思维方式，进一步提高创造性解决新问题的能力和水平，为振兴辽宁，推进经济建设和社会发展提供更加科学有效的管理和服务。由于政府推动，各市按文件执行，与继续教育工作相结合，统一培训和发证，创新方法的普及范围得到保证。政府出台类似这样的措施，会有力地推动技术创新方法的普及。

4. 开展技术创新方法研究和应用的交流

加强与国内、省内的应用交流，特别是与试点省市的交流：如召开研讨会，交换思想；在条件成熟时建立学术组织。有些省市，如黑龙江省已经建有专题网站，辽宁省也可在节省人力物力的前提下，充分发挥网站的作用，建立与其他省市的交流网，及时捕捉新的信息。另一种是与国外交流，主要是与俄罗斯、日本、美国的交流，例如与阿奇舒勒基金会的官方网站或全俄 TRIZ 理论网等建立合作关系，定期交换信息。

（二）技术创新方法推广重在提高企业创新的实效

综观国外及国内的 TRIZ 理论推广及应用，本书认为 TRIZ 理论的推广普及是一个长期的过程，应该始终坚持。无论是政府，还是推广工作的参与者及接受者，在思想认识上一定要有一个科学的认识。TRIZ 理论推广是一项长期的工作，见成效是需要时间的，不能因为财力、人力、精力的大量付出，就希望在短期内开花结果。TRIZ 理论的推广应用本身就需要一个非常完善的创新体系，加之

TRIZ 理论接受者因个体知识背景、工作环境、技术能力、综合素质等原因，对其应用都存在一个不可避免的过程，如果急功近利，短期内就想看到推广应用的巨大成效，是非常不现实的。这个见成效的时间可能是 5 年、10 年或是 15 年，总之要有这样一个正确的理性认识，才可以避免在 TRIZ 理论推广过程中出现目光短浅、停滞不前、信心尽失的现象。

1. 以企业人力资源培训为主阵地

企业人力资源部门长期从事企业的培训工作，具有丰富的组织培训经验和一定的师资力量，可以成为技术创新方法普及的主要组织者和师资队伍。

2. 培训层次区分

从培训层次上看，培训根据不同的对象应当分为不同的层次，即普及型的低层、教授 TRIZ 理论人员的中层和理论研究人员的高层。从培训形式上看，也可以分成两种，一种是精英培训，以韩国的三星公司为代表，即聘请俄罗斯的 TRIZ 理论专家，带出一小批高水平的本地专家来；另一种是普及型培训，以美国 Intel 公司为代表，实行的是全员培训。

3. 技术创新方法的学习与企业实际问题相结合

为了保证技术创新方法的学习直接与企业存在的问题相联系，企业培训师团队的形成与建立需要高校教师与企业科技人员结合。这样一方面解决企业实际问题；另一方面培训师也在解决问题中成长，有利于之后的培训工作及对企业的应用指导。

韩国三星电子是 TRIZ 理论帮助企业找到研发设计捷径的典型企业。三星电子从 1995 年成立内部的创新设计实验室，1997 年开始，开展价值创新计划，引入 TRIZ 理论，邀请 10 多名俄罗斯 TRIZ 理论专家在研发部门进行 TRIZ 理论培训。到 2003 年，三星电子采用 TRIZ 理论指导项目研发而节约的成本就高达 15 亿美元，同时，它们通过在 67 个研发项目中运用 TRIZ 理论成功申请了 52 项专利。到 2005 年，三星电子以 1641 项美国发明专利授权超过 Micron Technology 和 Intel，在全球排名第 5，领先于日本竞争对手索尼、日立、松下、三菱和富士通公司。

4. 发挥技术咨询企业的技术优势

一些长期从事计算机辅助创新技术及相关工具开发和技术咨询的高新技术企

业，如亿维讯一直走在以 TRIZ 理论为核心的创新方法及其计算机实现技术的研究开发与行业应用的前列，是当今世界创新技术研发的领跑者。亿维讯在中国北京设有 CAI 研发管理中心和行业创新技术研发中心，在白俄罗斯的明斯克设有 CAI 研发中心，共同负责公司核心技术和产品研发，以及行业创新解决方案的定制研发，致力于创新方法和技术在中国和世界各地的应用和推广。亿维讯提供的一套完整的计算机辅助创新解决方案，在国内诸多科研院所和大型企业研究机构中发挥作用，为快速提升我们国家的创新技术水平提供技术上的支持。

（三）技术创新方法推广应先点后面逐渐铺开

无论是普及性宣传、精英性培训，还是理论研究、企业实践，都离不开资金支持。从国外 TRIZ 理论的培训和应用特点看，普及性宣传多是以政府和民间资金相结合。政府资金多投放到研究机构和高校，而民间资金可以用来建立培训学校获取经济效益。理论研究所需要的资金，一般由政府支持或者是大型企业支持，而针对企业实践，政府更多的是从政策上扶持，从税收上减免，鼓励企业自愿开展 TRIZ 理论研究，而不是政府直接拨款支持。黑龙江省在两年多的过程中，推广 TRIZ 理论的大范围宣传培训资金花费大约是 2000 多万元，这还仅仅是推广的初级阶段，后续工作如果资金没有强有力的保障，按这种方式恐怕已难继续。而目前辽宁省的本地师资情况，大范围的 TRIZ 理论培训恐已难继续。因此考虑这两个必然面对的重要问题，本书认为辽宁省的 TRIZ 理论推广应先点后面，逐渐铺开。

首先，确定试点企业。这里面的点指的是试点企业，并且最好是将对 TRIZ 理论高度认可、有迫切需求的企业，作为最初的试点，然后再逐渐扩大范围，摸索成熟的推广模式。这样在培训方面所需资金就可逐渐有计划地投入，先试点也起到抛砖引玉的作用。辽宁省本身是老工业基地，而如沈阳机床集团这样的重工业企业既是国内同行业的先锋，又非常注重企业的自主创新，甚至离开了自主创新会危及企业、行业乃至国家的未来，企业每年都会主动自觉地在自主研发、自主创新方面提供大量财力、人力支持，选择这样的企业作为试点单位。

其次，对负责人、管理人员要先期进行培训。根据 TRIZ 理论本身的特点及试点省市的已有推广经验来分析，在试点企业的选择上，首先对负责人、管理人员要先期进行培训，使其对 TRIZ 理论有一个初步的了解。之后选择的技术人员要有一定的知识背景，并且精力充沛，能全身心投入到 TRIZ 理论学习，不会因为要做好本职工作，时间紧，无法对 TRIZ 理论有一个系统的学习掌握，这个在实践过程中是非常重要的。并且直接针对企业目前的需求，各 TRIZ 理论专家要到企业进行直接的指导、合作，尽快地摸索出有效的推广模式。

再次，抓好师资培训。在试点企业中又可分为对创新工程师的培训和对创新团队的培训两个层次。企业工程师在创新过程中经常面对很多问题，问题被抽象并解决之后，再返回创新过程。如果工程师在发现和解决问题过程之前掌握了 TRIZ 理论并运用自如，他们解决问题的质量会比培训前提高许多。而创新工程师作为个体，创新团队作为小的团体，对于一个企业来说既是整体与部分的关系，也是点与面的关系。

最后，总结试点企业的经验，以点带面，制订进一步推广的计划。目前辽宁省在创新方法普及中走在前列的是中国航空工业集团公司沈阳飞机设计研究所。沈阳飞机设计研究所是新中国组建较早的飞机总体设计研究所。进入 21 世纪，老一辈科研人员逐渐淡出，年轻的设计队伍成为主要力量，知识传承成为亟待解决的问题。2000 年，研究所开展知识工程建设工作；2005 年将创新方法学（TRIZ 理论）引入该项目，并基于 Pro/Innovator 中的知识工程平台，建设开发了所内自己的知识管理平台和知识库。经过近 10 年的努力，研究所初步构建了内部知识库。该知识库不仅装入世界上 1 万多条发明专利的解决方案，还建有 2000 条内部经验知识。在知识库中，当外部知识引入到内部知识库中，并通过本体论与之关联以后，这种外部知识就成了企业内部知识的一部分。例如飞机因空中结冰有坠毁的风险，在如何防止飞机结冰方面，有很多外部知识可以借鉴和参考。研究所对 Pro/Innovator 平台中的外部知识进行研究，最终得到满意方案并编写了"飞机空中结冰项目研究报告"。

辽宁省需要很好地总结先行企业，如沈阳飞机设计研究所的经验，让先行企业作为辽宁省推动这一工作的典范，引导更多的企业开展创新方法的普及工作。

（四）技术创新方法普及的内容模块化（以 TRIZ 理论方法为主，辅以其他创造技法）

TRIZ 理论是迄今为止适用于各种年龄段和多种知识层面人的创新方法。德国、美国和日本的学者也形成过各具特色的创新方法，但都只适用于有经验的、掌握较高知识的工程技术人员。TRIZ 理论为创新活动的普及，为创新活动积极分子相互的交流、促进和提高提供了良好的工具和平台。TRIZ 理论方法进入中国是在 20 世纪 70—80 年代，但对其深入研究和应用推广则是近 20 年的事情。近年来，对 TRIZ 理论方法的研究表明，该方法也有其局限性。一个世纪以来，各国出现的技术创新方法有几百种，最有影响的欧美技术创新方法和日本创造技法大概有几十种，都是人类智慧的结晶，具有重要的价值。TRIZ 理论方法与其他方法相比，各有其优点，理应相互补充、完善技术创新的方法论理论。

TRIZ 理论在解决发明问题的整个过程中，运用相应的原理、方法和原则按照程序有步骤地进行，需要的是发明者认真、细致、严密的工作和精通与发明课题有关的专门知识，具有较强的逻辑性和形式化特点。这是它的优点，但同时也为此法的运用带来局限性。随着 TRIZ 理论的不断运用，这种逻辑性和形式化特点会逐渐强化并积淀下来，久而久之，就容易在客观上造成忽略或抑制非逻辑思维的锻炼和养成，而这并不利于创造性思维的健康发展，可能会损害创造力水平的提升。因为创造性思维既重视逻辑思维，又重视非逻辑思维，强调二者相辅相成、协调作用，这样才能更好地进行创造性思维。

因此推广创新方法的正确做法是，首先，要对现有的所有创造发明方法有个正确、全面的认识，各种方法都有其自身的优势和不足，而 TRIZ 理论方法不能涵盖所有方法，并取而代之。其次，辽宁省技术创新方法普及以 TRIZ 理论为主，辅助其他方法，根据不同的对象，采用模块组合。最后，应将 TRIZ 理论方法与其他创造发明方法结合起来灵活运用，尽可能地发挥各种方法的优势。这方面的尝试已有一些，如吉木中村（Yoshiki Nakamura）提出将 TRIZ 理论的设计步骤细分，在每个步骤中采用头脑风暴法决定下一步等。

三、辽宁省技术创新方法普及的保障措施

（一）引入国外技术创新方法要关注方法的文化背景

技术创新方法的引入及学习，既是一般创造原理的学习，也是接受一种文化。国际知名的设计与创新专家、美国南加州大学教授卢志扬认为，研究推广创新方法的最终目标是改善人们的思维方式，现有 TRIZ 理论工具的传播和应用都是为了进一步改善人们的创新思维。在推广 TRIZ 理论的同时，更应注意此创新方法与本国的文化融合。在了解 TRIZ 理论隐含的文化因子之外，寻找更科学的方式来尽量地弥补缺陷和克服障碍。将我们的实践与 TRIZ 理论相结合，提升其理论基础，形成适合我国文化的发明方法体系显得尤为重要。

如果说推广 TRIZ 理论是我们的目标，那么提高创新能力、改善创新思维才是根本。人的思维视角、思维方式、思维逻辑，决定着解决问题的方式方法，科学思维的创新是科学技术取得突破性、革命性进展的先决条件，也是运用 TRIZ 理论能达到的深度、广度的基础。因此在进行宣传工作的同时，要把创新思维的建立作为必要的一项工作，在举办专业的 TRIZ 理论培训班前，应结合本省专家优势，调动高校、科研院所的力量，对 TRIZ 理论的接受者们进行科学、合理、系统的创新思维培训，使他们对 TRIZ 理论的学习掌握做一个先行准备。

并且因 TRIZ 理论本身具有局限性，该理论与创新思维相比较而言，两者好比是"鱼"与"渔"的关系，概因皆知"授人以鱼"不如"授人以渔"，因此改善创新思维、开发创新能力才是根本。

技术性路径是对创造技法和发明方法本身进行系统梳理，不再照本宣科、照搬照用，通过概括实质，删繁就简，逐渐形成适合中国文化的创造技法和发明方法体系。

内生性路径是分析各种创造技法和发明方法的文化因子，了解中国的文

化不适征候，需要审视的是中国的创新文化重建，这要比推广创造技法和发明方法更为重要。怎样在注重自生文化的创造方法与外生文化的创造方法的融合方面做些努力？重新发扬中国传统的创造文化的精髓：天行健，君子以自强不息——处于逆境仍前进的创新精神；地势坤，君子以厚德载物——以丰厚的文化为积累，以大爱为前提的创新，在培养人的创造性方面"道"与"术"结合，即创造人格与创新方法结合。同时，在学习推广创新方法时，改造中国传统文化中不利于创造的部分，接受随着创造方法而来的外来文化中优秀的部分，才能达到理想的效果。

（二）推广组织建制合理化和培训团队本土化，保证推广的长期性及有效性

TRIZ 理论推广是一项强国利民的科技政策，政策本身即决定了需要一种社会的稳定模式来保证其正常功能的执行，也就是需要把 TRIZ 理论推广组织建制合理化。

1. 建制落实

各省份的 TRIZ 理论推广工作基本上都是以各省份的科学技术厅为主，部分省市成立了创新方法研究会来协助其开展相关工作，并作为一个推广 TRIZ 理论的平台。借鉴其他省市的经验，利用辽宁省原有技术创新方面的学会，建立了辽宁省创新方法研究会，主抓技术创新方法普及的各种工作。在建制化工作之前，常设一筹备机构，科学地规划和设置各个职能部门，配备合格的执行人员，负责宣传培训，抽调人员，提供活动经费和条件。从全省来挑选热心于开展创造发明活动，对创造学的理论和方法有较深的理解，有组织能力和熟悉情况的人担任相应职务，才能承担起指挥、协调、执行各个环节的工作任务。再调动高校、企业、社会学术团体共同加入，形成一个执行有力的组织。

2. 培训队伍落实

技术创新方法的推广是一个长期性的工作，但对 TRIZ 理论的了解与掌握在本省还限于少数高校教师。并且，在长期的培训过程中，经费是大问题，培训师

的时间和精力也是一个重要问题，如何解决好培训团队问题直接关系到 TRIZ 理论是否能长期有效地推广下去。

首先，培训团队必须本土化，这样经费问题、培训长期性问题、应用问题都会迎刃而解。辽宁省高校资源丰富，理工科背景的高校教师经过系统培训可以成长为合格的 TRIZ 理论培训师。

其次，选择相关理工科背景人员，对培训师的培训也需要制订系统的计划。

再次，结合试点省市的经验，可在高校或科研院所成立研究机构，一是作为培训团队存在；二是逐渐形成长期 TRIZ 理论研究推广的基地。这样高校教师将研究 TRIZ 理论、推广 TRIZ 理论作为自己的本职工作，这么做既可解决培训师培训过程中与原有工作发生时间和精力的冲突，又可保证 TRIZ 理论的持续研究及全省的人才培养。

最后，执行培训教师资格认证制度。认证制度一是保证了理论应用的规范；二是为培训制定了参照标准；三是便于统一管理和考量；四是方便今后建立专家人才库，为理论研究和实践提供人才。从俄罗斯、美国的实际情况来看，它们都有一套认证体系。资格认证可以包括国家级、企业级等多种形式、多种等级，例如 Intel 公司的 TRIZ 理论认证体系属于全球性知名企业的认证级别。

（三）从形象化入手提高受众对技术创新方法的接受度

科学方法的普及也遵循着科普的规律，让科普主体和科普受众之间产生良好的"化学反应"，是技术创新方法能够让受众更好接受的条件之一。由于 TRIZ 理论这样的技术创新方法原理比较深奥，所以通过形象化的手段，增加趣味性，不仅能够引起学习者格外的关注兴趣，产生学习动机，还有助于由浅入深地理解和掌握深奥的原理。

在这方面日本 TRIZ 理论学会的做法值得借鉴。日本一些学者在推广 TRIZ 理论方法时，充分发挥了日本漫画创作的特长，将原理和程序画成容易理解和把握的漫画，这意味着它能够提供给学习者更强烈的感官吸引、更新颖的体验方式等一系列"趣味性"因子，提高技术创新方法普及的效果。一些研究案例也以生动形象的方式加以介绍，能够让学习者身临其境地接触技术创新方法的内容。

建议辽宁省在推广技术创新方法时，统筹布置安排，组织高校和企业人力资源培训部，以及社会培训力量，形成专业的技术创新方法培训团，对培训内容进行形象化加工，精心编写教学课件，通过高校校内教学成果奖、辽宁省教学成果奖的评选来肯定此项工作的价值。

（四）充分利用现代化的技术手段提高推广普及效果

相对于传统的创新方法，TRIZ 理论具有鲜明的特点和优势，但也还存在着前述中的不少问题或者缺陷。在我国开始重视研究和应用推广 TRIZ 理论时，首先应该结合中国企业技术创新的实际来作更多的中国化思考，改进和完善 TRIZ 理论的基础理论和方法工具，从而真正提高企业的自主创新能力和国家的科技竞争力。

加强 TRIZ 理论工具的研究和开发，我国的亿维讯集团开发出的计算机辅助创新设计平台（Pro/Innovator）和创新能力培训平台（CBT/NOVA）是目前较为成熟的应用工具，但在实际的推广应用中还需要不断地升级和更新。

1. 加强计算机辅助创新工作

计算机辅助创新为 TRIZ 理论深入广泛的应用提供技术支撑。国内外的经验证明，TRIZ 理论的深入推广也有赖于计算机辅助创新技术的支撑。例如 Filkosky 移民以色列后创立的 SIT 模式；美国 Ideation International 公司开发的 Innovation Work – bench（IWB）等。TRIZ 理论中有很多很好的工具，比如说创新原理、分离方法、进化法则、知识库等，都可以帮助我们来解决问题。例如知识库，Pro/Innovator 通过现代语义技术、现代方法学把一些实现相同功能的方法都罗列在一起。这些方法不仅仅是我们专利中所说的等同，因为很多方法未必是某专利所在领域的人都熟知的。采用这些方法，就很容易去帮助我们撰写专利，从事技术的拓展。而专利保护的不牢靠之处就是采用不同的方法可以实现同样的功能，这也就是专利的规避。

2. 建立技术创新方法学习的互动平台

随着 TRIZ 理论推广普及范围的扩大，还需要建立实虚整合的互动平台，并利用网络分享平台，让学员与教师互动，延伸课题学习内容的广度和深度。同时让学习者想办法利用多媒体的方式（例如：动画、影片、文字等）与其他团队成员分享，及时交流，提高学习效果。近年来，由于电子设备的微小化以及网络技术的提升，人们取得信息的界面，不再仅限于个人计算机，而可以是各式各样的移动设备。互动平台也可以利用情境感知技术，根据使用者所在位置，依据环境、事物的状态与变动情形，调适提供的服务，进而建立无所不在的学习环境。可运用的技术可以有：扩增实境、无线传感器网络、无线射频、电子白板，等等。运用这些技术，将有助于建构教具，创造更多机会帮助学习者建构更深入的系统观察与分析。

｜第六章｜
创新方法推广应用案例集锦

案例1：一种双幅连续刚构桥系杆拱加固结构及其施工方法

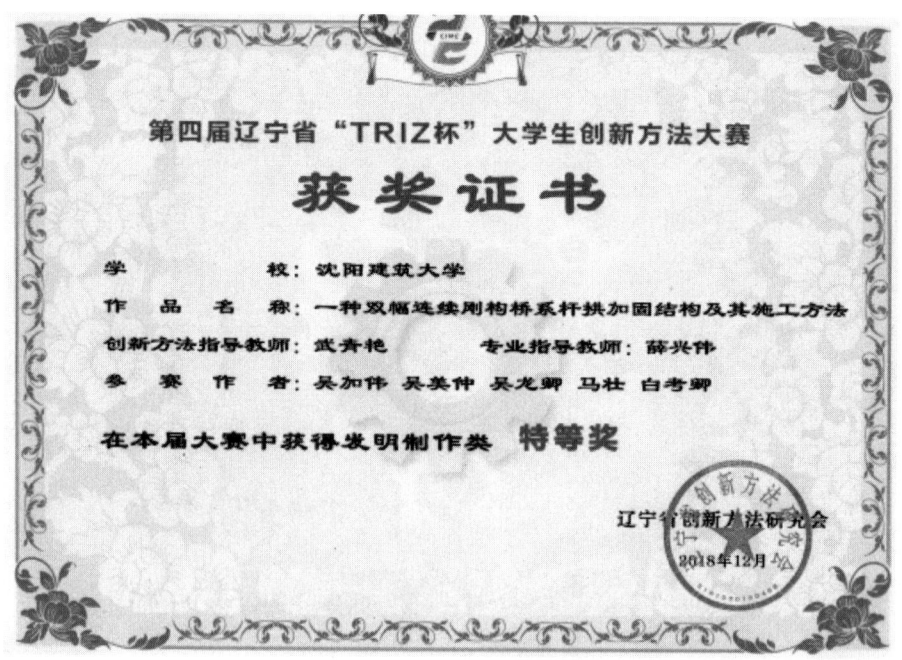

图6-1 作品获特等奖证书

团队名称：桥梁滴答派（如图 6 - 1）

单位：沈阳建筑大学交通工程学院

创新方法指导教师：武青艳

作者：吴加伟、吴美仲、吴龙卿、马壮、白考卿

作品简介：

拱座横梁中有通过导管埋设、张拉后加以锚固的系杆；沿顺桥向有相互对称置于两内腹板之间的吊杆锚固横梁；吊杆的两端分别穿过混凝土拱肋和吊杆锚固横梁上对应的导管，张拉后锚固。保证拱座横梁水平位移不超过［Δ］，拱座横梁中的系杆可平衡汽车荷载、张拉吊杆和主拱圈自重产生的水平力，使拱座横梁和主拱圈处于最佳受力状态。

应用的 TRIZ 理论：

通过系统功能分析，找出技术系统的技术矛盾和物理矛盾，建立问题模型，运用预先反作用、物理或化学参数改变、嵌套和空间分离等原理求解得到本发明初始方案，再通过技术系统进化法则优化方案，并进行最终理想解评价。

具有代表性的作品图片，如图 6 - 2 所示。

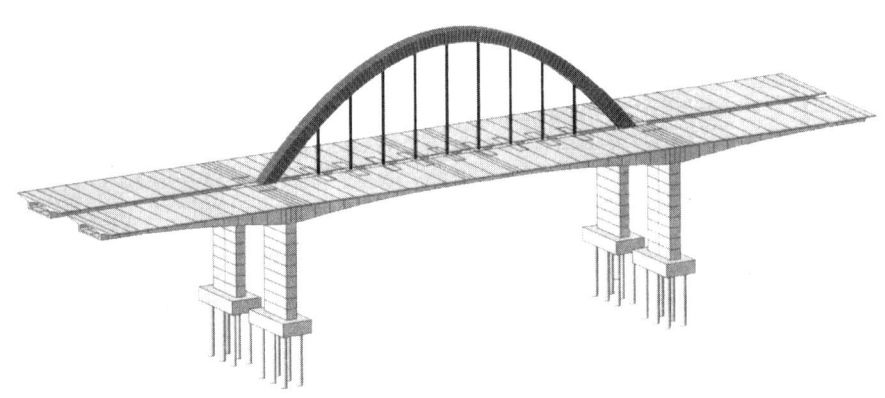

图 6 - 2　方案模型整体示意图

申报作品 TRIZ 理论应用情况
第一部分 问题描述

1.1 项目概述

连续刚构桥是指桥梁的桥墩与主梁直接固结在一起的梁桥，主要由主梁、主墩、承台、桩基组成，没有支座，均有两个以上桥墩。双幅的意思是桥梁双向的车道是分开的，一侧的桥梁只有向一个方向行驶的车道，由两座并排的桥组成一条完整的上行与下行的道路。连续刚构桥因其结构受力性能好、伸缩缝少、行车平顺舒适、造型简洁美观、养护工程量小、抗震能力强等优点而成为最富有竞争力的桥型。

连续刚构桥应用广泛，特别适用于跨度较大的梁桥，从 1985 年至今，国内外混凝土梁式桥的跨度纪录，一直为连续刚构桥所保持，而且还在不断地向更大的跨度发展。1990 年葡萄牙建成的杜罗河桥，主跨为 250 米的双线铁路混凝土连续刚桥，创造了 20 世纪铁路混凝土连续刚构桥的跨度纪录。Gateway Bridge 的跨度纪录至 1998 年，即被挪威建成的 Raftsundet 海湾桥（主跨 298 米的 4 跨连续刚构）所打破。1999 年，挪威又建成主跨为 301 米的 3 跨连续，跨海岛的 Stolma 桥，奠定了 20 世纪预应力混凝土连续刚构桥的跨度纪录。

目前中国在 160 米跨径以上大跨梁桥大都为连续刚构，在当今世界跨径大于 200 米的特大跨径梁桥中，我国占大多数，值得我们骄傲。

广东虎门大桥辅航道桥就是一座典型的连续刚构桥，广东虎门大桥辅航道桥 1997 年建成，主跨跨径组合为 150 + 270 + 150 = 570 米。虎门大桥代表着当时中国连续刚构桥的最高水平。通过图 6 - 3 我们可以清楚地看到连续刚构桥的主要组成结构：主梁、主墩、承台、桩基。

大量的双幅连续刚构桥投入使用后，常会出现一些病害，其中较为典型的病害是连续刚构桥主梁的跨中部位产生过大的下挠。主要是由于连续刚构桥的跨度都比较大，而且容易知道当车辆行驶于桥梁上时，其中间部位最容易产生向下的变形，如图6-4所示，这种变形会造成梁底部出现裂缝，最后使桥梁损坏。

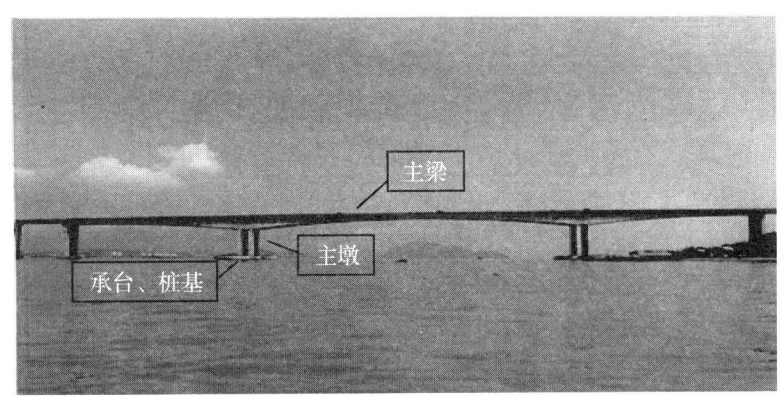

图6-3　广东虎门大桥辅航道桥

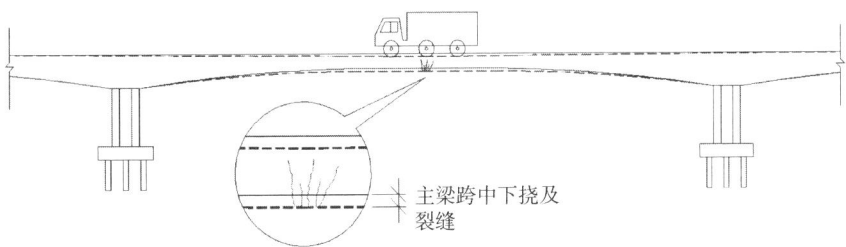

（a）在荷载的作用下连续刚构桥跨中产生下挠及裂缝

（b）实际连续刚构桥跨中底板裂缝

图6-4　双幅连续刚构桥病害

本研究主要针对连续刚构桥的这种病害进行维修加固，运用 TRIZ 理论解决这类问题，得出最优方案。

1.2 连续刚构桥的工作原理及主要的限制条件

针对上述连续刚构桥的病害，本书以一座 4 跨的双幅连续刚构桥作为研究对象，进行分析。

对上述双幅连续刚构桥进行分析，连续刚构桥的力的传递如图 6－5 所示，汽车通过时荷载直接作用在连续主梁上，通过连续主梁进行力的传递，继而传递到连续刚构桥的桥墩，桥墩传递到承台，承台传递到桩基，最后通过桩基传递到大地地基。

其中，在整个传力过程中最重要的一处传力构件是主梁，外力的作用通过主梁作用在桥上，才能使桥梁发挥作用；因此最容易受到破坏，受力最不利的构件就是连续刚构桥的主梁，当车辆荷载直接作用在主梁上时，主梁只有通过自身的抗弯性能抵抗由车辆产生的弯矩，在跨中处产生的正弯矩最大，所以下挠也最明显，也最容易产生病害。

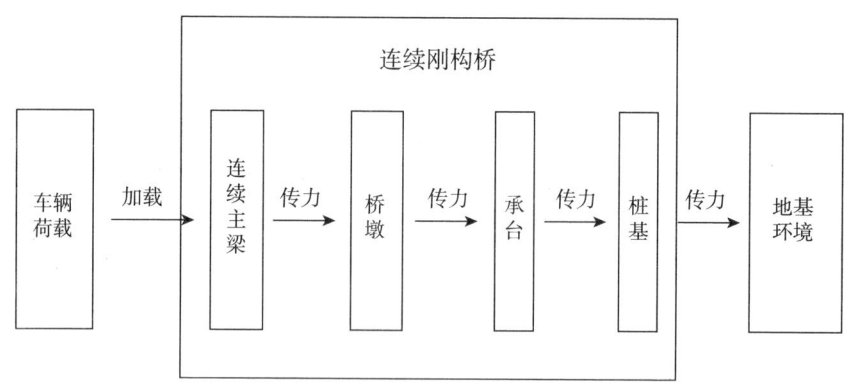

图 6－5 双幅连续刚构桥受力传递示意

所以限制连续刚构桥继续承载更大荷载的原因主要是：仅通过自身连续主梁的抗弯性能抵抗外部荷载产生的弯矩。

1.3　已有专利分析及存在的问题

带着对上述问题的思考，通过相关专利的检索，找到此类病害可以借鉴的加固方法如下：

中国专利 CN102286938A 提供了一种适用于大跨径箱梁桥、连续刚构桥的斜拉体系加固结构，如图 6 - 6 所示：在原桥位桩基的两侧各增加两根新桩基，新桩基与原桩基构造相同，与原承台两侧连接的是采用植筋及环向预应力措施的新承台，两侧的新承台上分别现浇新增桥墩，然后在新增桥墩上浇筑新增索塔，连续墩处新增索塔采用预应力混凝土结构，塔身设置竖向预应力，刚构墩处桥新增索塔采用普通混凝土结构，在原混凝土主梁底面植筋锚固钢支架，并通过高强螺栓固定钢托梁，斜拉索斜向装在托梁和索塔之间。

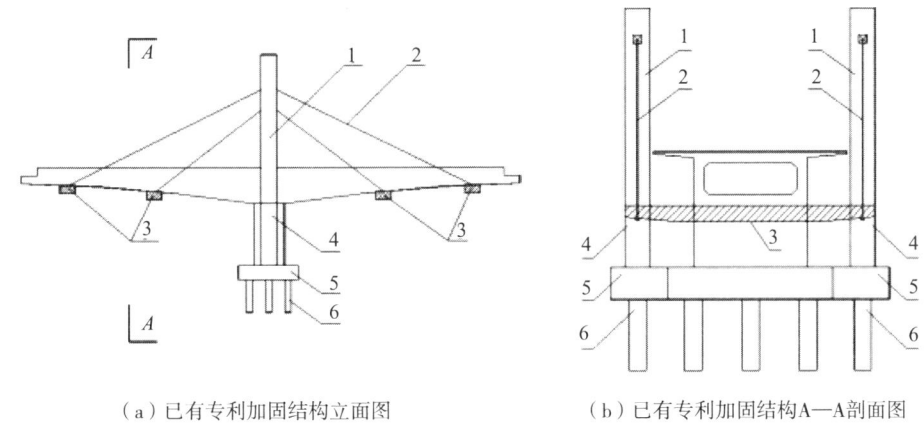

（a）已有专利加固结构立面图　　　　　（b）已有专利加固结构A—A剖面图

图 6 - 6　已有专利加固结构示意图

1—新增索塔；2—斜拉索；3—托梁；4—新增桥墩；5—新增承台；6—新增桩基

但是如果将上述发明专利的加固结构直接用到双幅连续刚构桥的加固中，如图 6 - 7 所示，将会产生新的技术缺陷：

（1）不能很好适应双幅连续刚构桥的加固：对于双幅连续刚构桥，则单独一个连续刚构桥桥墩处就需要新增多根桩基、多个承台、多个墩柱及多个桥塔，工程量十分庞大，对于全桥而言，则是更甚；

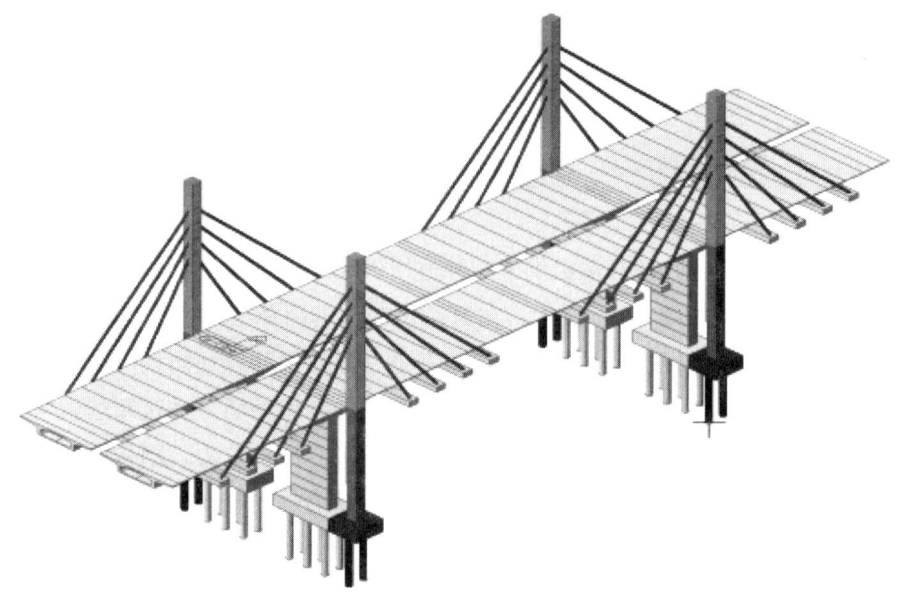

图 6 – 7　用已有专利加固双幅连续刚构桥的三维立体模型

（2）加固结构需要在主梁的两侧增设桩基、承台和墩柱后才能架立桥塔，桩基、承台及墩柱的施工周期长、难度大，尤其是在水中施工，桥墩较高时，费用更高、难度更大；

（3）为使斜拉索能作用于主梁而设置的托架需要布置于梁底，且其长度需要大于桥梁的宽度，一般桥梁宽度有 10 多米，甚至 20 多米，导致托梁的结构十分庞大，不仅耗费材料，经济性也不佳，同时托架过大的自重给斜拉索带来了相当大的负担；

（4）缺乏一套有效、完整的施工技术方案可供参考。

第二部分　系统分析

针对上述连续刚构桥主梁的跨中部位产生过大的下挠的问题利用 TRIZ 理论的分析工具进行分析。

2.1　因果链分析

对承载力不足造成跨中下挠这一问题进行因果链分析，首先分析造成承载力不足的原因，经分析得出主要是由于3点原因造成：一是自身抵抗弯矩的能力不足；二是外部施加的荷载过大；三是没有借助外部的力量。然后再具体分析，首先，对于自身抵抗弯矩的能力不足这一问题，由于混凝土箱梁主要的受力构件是混凝土和预应力筋，造成这一问题的主要原因就是混凝土的强度不足和预应力筋的强度不足。由于抗弯惯性矩与截面的尺寸有很大关系，所以截面的尺寸不足也是造成这一问题的原因。其次，对于外部荷载过大这一问题，主要是由于近年来经济的飞速发展，交通量在持续增加，车辆的载重也在不断地变大，所以桥梁所受到的外部荷载在持续增加，对于桥梁也越来越不利。最后，对于桥梁没有借助外力这一问题，我们分析可以得到的是由于桥梁的跨径太大，桥墩的数量过少，可以通过增加附加桥墩提供向上的外力抵抗荷载；此种桥梁体系过于简单，可以考虑通过改变体系来提高自己的承载力。分析的过程见图6-8。

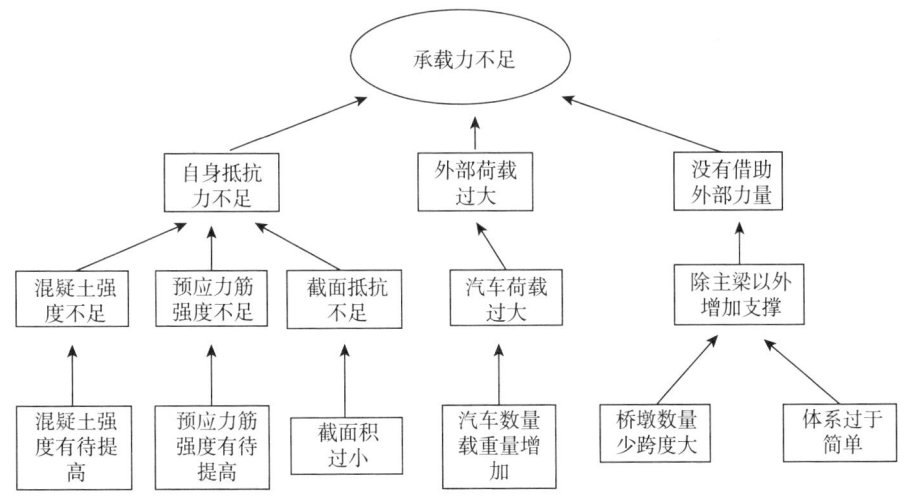

图6-8　因果链分析流程

通过分析可以得到以下加固方案：

方案1：提高待加固梁的混凝土强度，使承载力提高。

方案 2：提高预应力筋的等级及强度，使其抗拉性能得到提高。

方案 3：在体外布置体外预应力筋，使其抗拉性能得到提高。

方案 4：增大截面面积，提高抗弯惯性矩，增大抵抗弯矩的能力。

方案 5：适当地控制交通量，在桥梁的入口处限制车流量，以减少外部荷载。

方案 6：增加桥墩的数量，使桥梁的跨度减小，减少挠度。

方案 7：改变桥梁的结构体系，成为组合型桥梁。

2.2 资源分析

对连续刚构桥这一系统进行资源分析，考察列出现有系统所涉及的所有资源，分析现有的资源，对现有的资源合理利用，利用现有的资源解决问题。

对于连续刚构桥其子系统为主梁、桥墩、承台、桩基、预应力钢绞线、普通钢筋；其超系统为桥梁所处的环境、地基、汽车等，继而对其进行能量资源、信息资源、空间资源、时间资源、功能资源的分析，得到如表 6 - 1 所示的资源分析表：

表 6 - 1　资源分析表

种类	物质资源	能量资源	信息资源	空间资源	时间资源	功能资源
系统	连续刚构桥	机械能 水能 风能	力的传递	桥梁所占 用的空间	作用时间	支撑汽车 荷载
子系统	主梁 桥墩 承台 桩基 预应力钢绞线 普通钢筋	机械能 水能 风能	力的传递	子系统所占 用的空间	作用时间	支撑主梁

续表

种类	物质资源	能量资源	信息资源	空间资源	时间资源	功能资源
超系统	地基 汽车 大气环境	生物能 太阳能 风能 机械能 水能 化学能	抵消结构 传递的力	桥梁所处的 气候带、 地表气层	四季变化	提供支撑

通过资源分析得到了以下解决办法形成加固方案：

方案8：可以充分利用连续桥梁的上部结构，桥梁的下部构件较多，充分利用了空间，上部的空间资源没有充分利用。

方案9：可以充分利用已有的构件，将原有的桥墩扩展出分支，使该分支可以支撑主梁，使跨中处的受力大大减少。

2.3 九屏图分析

对当前的连续刚构桥系统进行九屏图分析，得到如下的分析，如图6-9所示：

通过九屏图分析得到了以下加固方案：

方案10：对桥梁进行限载，在桥梁的入口处限制车的载重，以减少外部荷载。

方案11：改变桥梁的结构体系，成为组合型桥梁，可以用斜拉加固结构。

方案12：改变桥梁的结构体系，成为组合型桥梁，可以用系杆拱加固结构。

方案13：改变桥梁的结构体系，成为组合型桥梁，可以用背塔斜拉加固结构。

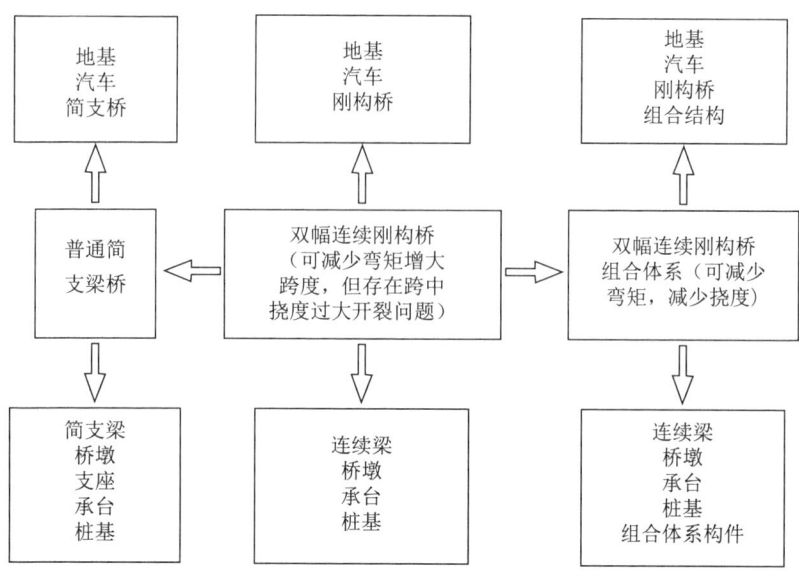

图6-9 双幅连续刚构组合体系加固的九屏图

2.4 功能分析

为了改进主梁的下挠开裂，改善主梁的受力，我们对桥墩和连续主梁组成的支撑系统进行功能分析，见表6-2。

该支撑系统最主要的功能是支撑通过桥梁的汽车，同时将汽车产生的荷载传递到地基。

表6-2 功能分析表

序号	功能组件	作用	功能对象	功能种类
1	地基	支撑	桩基	有益充分
2	桩基	支撑	承台	有益充分
3	承台	连接	桥墩	有益充分
4	桥墩	支撑	连续主梁	有益不充分

序号	功能组件	作用	功能对象	功能种类
5	连续主梁	支撑	汽车	有益不充分
6	汽车	损坏	连续主梁	有害
7	桩基	损坏	地基	有害

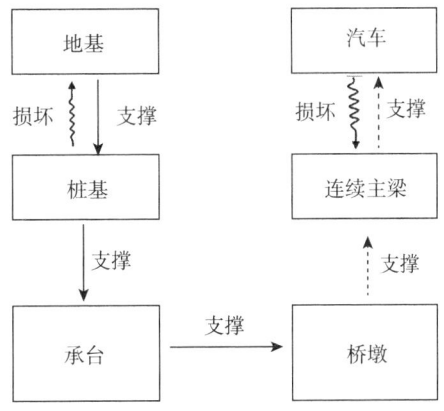

图 6 - 10　功能模型

从图 6 - 10 功能模型中，我们发现了桥墩对连续主梁的支撑作用是有益但是不充分的作用，连续主梁对汽车的支撑作用也是有益但是不充分的作用；同时汽车对于连续主梁的作用是一种有害作用，接下来我们应该考虑采取措施消除这种有害作用，增强有益但是不充分的作用。

第三部分　运用 TRIZ 工具解决问题

3.1　最终理想解

研究对象：连续刚构桥

表 6-3　最终理想解

1. 设计的最终目标	减少跨中的挠度防止出现裂缝等病害
2. 最终理想解	桥梁可以通过自身来抵抗外力，减小挠度
3. 达到理想解的障碍是什么	桥梁没有足够的构件来抵抗外力
4. 出现这种障碍的原因是什么	桥梁的体系较为简单，支撑太少
5. 不出现这种障碍的条件是什么	充分利用已有的结构，增加支撑
6. 创造这些条件所用的资源是什么	主梁箱梁的腹板、桥墩等构件

如表 6-3 所示，推测可利用的资源应为：连续刚构桥主梁的箱梁、桥墩等构件。又由于此桥梁的构造是双幅的桥梁，由两座并排的桥组成完整的车道。所以可以充分利用两座并排的桥梁之间的空隙，设置连接构件，分别连接在左右两侧的桥梁的箱梁腹板上，然后用连接构件支撑上部结构来增加支撑。

方案 14：充分利用已有的箱梁腹板作为连接构件，支撑桥梁新体系的上部结构，得到新的组合体系结构。

3.2　技术矛盾分析

（1）原问题技术矛盾的表述：

本书要解决的问题是连续刚构桥强度不足，跨中挠度过大，引起开裂导致桥梁破坏的问题。

如果改善连续主梁的强度情况，那么连续刚构桥跨中的挠度会降低，但是会使连续主梁的截面面积增大，见图 6-11。

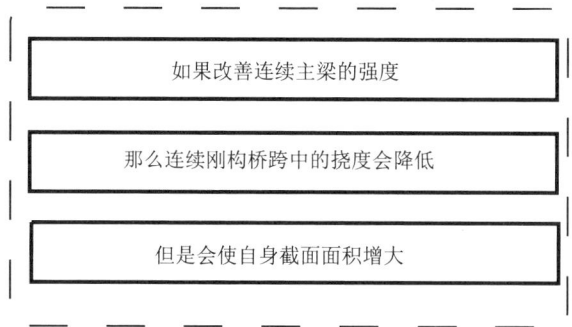

图 6 – 11　技术矛盾分析图

该技术矛盾发生在连续主梁的强度与连续主梁的自身截面面积之间，发生在增大截面，使强度增大的时候。

（2）问题模型：

需要改善的参数是：强度

恶化的参数：静止物体的面积

（3）解决方案模型：

对应查看矛盾矩阵表得到参考创新原理为：预先反作用原理；复合材料法；机械系统替代法。

3.3　物理矛盾分析

通过上述对双幅连续刚构桥这一技术系统的功能分析可知，正是由于近几年交通量的急剧增加，超载现象严重，以及一些设计和施工方面的原因，使得连续主梁的抗弯承载力不足以抵抗其内部产生的弯矩而发生悬臂端过度下挠和墩顶主梁开裂的病害。

在这个问题中，随着交通量的急剧增加，就需要桥梁能承受更大的荷载，但是对于已建桥梁，其抗弯承载能力是设计时就已经确定的，因而桥梁所能承受的荷载不能过大，否则就会因产生较大的弯矩内力而出现下挠、开裂等病害。所以，连续刚构桥的连续主梁所承受的汽车荷载和自重等向下的作用力，既要大又要小，这就形成了一对物理矛盾。

可以发现，在上述问题分析过程中的一个重要的物理参数就是弯矩，减小弯矩，就可以阻止跨中处连续主梁继续产生裂缝并抑制连续主梁跨中的下挠。根据上述分析可知，减小连续主梁承受的向下作用力，就可以减小连续主梁内部的弯矩，达到对弯矩进行卸载的效果，然后可以实现对连续主梁进行加固的功能。那么我们要解决的问题就变成如何减小连续主梁所要承受的向下作用力，而又不影响正常的交通流量呢？

拟采用分离原理。

首先，我们很难完全控制车辆的超载，同时为保证连续主梁的刚度，也不能一味地减轻挂梁的重量。考虑至此，既然不能通过技术系统中的原有组件来解决矛盾，那我们换个角度，是否可以通过外部力量来解决系统的物理矛盾呢？

结合力学作用的相关理论，我们想到了"时间分离"中的"预先反作用"原理：可以对连续主梁施加预先向上的反作用力，来抵消汽车荷载及挂梁自重等产生的部分向下作用力，这样，两种相反的作用力组合的结果就是减小了连续主梁的弯矩，继而可以实现控制墩顶主梁开裂、减小连续主梁悬臂端下挠的加固目的。那么如何对连续主梁施加预先反作用呢？

我们知道，斜拉桥的斜拉索、拱桥的吊杆以及悬索桥的吊索等结构都可以给桥梁的主梁提供向上的作用力，这些桥的结构特点可能给我们解决本发明问题提供思路，如图 6 - 12 所示。

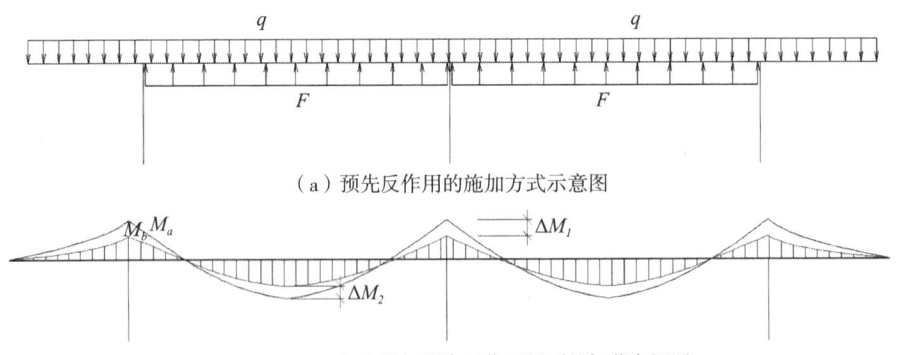

（a）预先反作用的施加方式示意图

（b）施加预先反作用得到的卸载弯矩图

q—车辆及连续主梁自重产生的均布力；M_a—施加反作用之前的弯矩图；
M_b—施加反作用之后的弯矩图；F—预先反作用；ΔM—卸载的弯矩

图 6 - 12　预先反作用的施加方式示意图及效果图

方案 15：在桥梁的上部增加构件，为连续梁提供预先反作用力。

3.4　物场模型

对本双幅连续刚构桥进行物场分析，首先找到本结构的物质和场，首先桥梁所处的场是机械场，作用是力，工具物质是连续刚构桥，工件物质是汽车。通过对该系统进行物场模型分析，本模型属于效应不足的物场模型，如图 6 – 13 所示，主梁对车辆的支撑效用不足。针对这一问题模型我们可以选择的解法有：加入新的物质、加入新的场、加入新的物质和场，改变原有的物质、改变原有的场、改变原有的物质和场。我们选择加入新的物质，加入新的构件来弥补这种不足的效应。

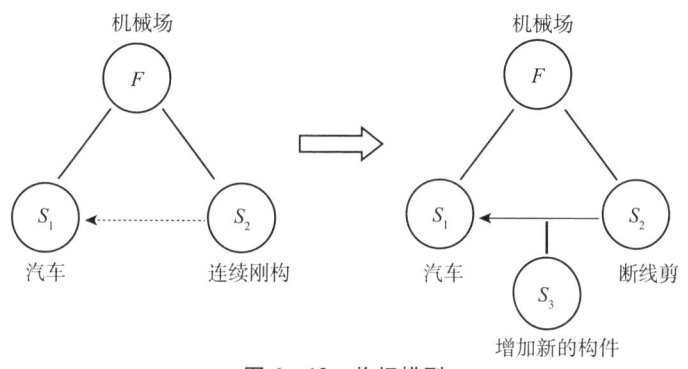

图 6 – 13　物场模型

第四部分　技术方案整理与评价

4.1　全部技术方案

通过分析得到的全部技术方案如下：

方案 1：提高待加固梁的混凝土强度，使承载力提高。

方案 2：提高预应力筋的等级及强度，使其抗拉性能得到提高。

方案 3：在体外布置体外预应力筋，使其抗拉性能得到提高。

方案 4：增大截面面积，提高抗弯惯性矩，增大抵抗弯矩的能力。

方案 5：适当地控制交通量，在桥梁的入口处限制车流量，以减少外部荷载。

方案 6：增加桥墩的数量，使桥梁的跨度减小，减少挠度。

方案 7：改变桥梁的结构体系，成为组合型桥梁。

方案 8：可以充分利用连续桥梁的上部结构，桥梁的下部构件较多，充分利用了空间，上部的空间资源没有充分利用。

方案 9：可以充分利用已有的构件，将原有的桥墩扩展出分支，使该分支可以支撑主梁，使跨中处的受力大大减少。

方案 10：对桥梁进行限载，在桥梁的入口处限制车的载重，以减少外部荷载。

方案 11：改变桥梁的结构体系，成为组合型桥梁，可以用斜拉加固结构。

方案 12：改变桥梁的结构体系，成为组合型桥梁，可以用系杆拱加固结构。

方案 13：改变桥梁的结构体系，成为组合型桥梁，可以用背塔斜拉加固结构。

方案 14：充分利用已有的箱梁腹板作为连接构件，支撑桥梁新体系的上部结构，得到新的组合体系结构。

方案 15：在桥梁的上部增加构件，为连续梁提供预先反作用力。

4.2　方案评价

对分析得到的所有技术方案进行评价，寻找最优的技术方案：

方案 1：本书所讨论的问题是针对已建成的桥梁进行加固，对于已建成的桥梁，桥梁的结构构造已经建立，尤其是对于混凝土构件，由于其自身已经凝结硬化，所以提高其强度较难实现，所以该方案可行性较低。

方案 2：由于预应力筋是放置在混凝土里面的，通过预留管道进行穿孔张拉然后又灌浆形成，所以预应力筋被包裹在混凝土内无法更换，该方案可行性较低。

方案 3：在体外布置预应力筋，通过张拉预应力筋，为连续主梁提供支撑力，是一个可行的方案，但该方案的施工难度较大，需要专业的施工设备及施工技术人员，体外预应力筋的张拉力不好控制，拉力较大或者较小都会对桥梁造成损坏。

方案4：增大截面面积的方法可以通过在桥梁的侧面和底部焊接钢箱，通过钢箱来增大截面面积，但是该方法经济性太差，施工较为困难，因此该方案的可行性也较低。

方案5：控制交通量的方法虽然很容易实现，但是对于整个道路来说很容易造成交通拥堵，特别是近些年来交通量的不断增加，使该方案更加不可行。

方案6：增加桥墩的数量，使桥梁的跨度减小，减少挠度，该方案能有效减少桥梁挠度，但是施工起来比较困难，且新增的桥墩会影响河流的水文状况，造成河底的严重冲刷损坏基础，还会影响桥底的通行和通航，所以该方案只对部分双幅连续刚构桥梁可行，普适性较差。

方案7：改变桥梁的结构体系，成为组合型桥梁，该方案具有较好的可行性。

方案8：充分利用连续桥梁的上部结构，桥梁的下部构件较多，充分利用了空间，上部的空间资源没有充分利用，可以在桥梁的上部空间安装构件，具有较好的可行性。

方案9：从两侧桥墩处引出侧向支撑，用来支撑跨中位置，减少挠度的方案，由于刚构桥没有支座，其应变主要通过桥墩的变形来实现，所以桥墩都设置为柔性墩，从桥墩引出支撑容易损坏桥墩且阻碍桥墩的变形，所以该方案不可行。

方案10：对桥梁进行限载，在桥梁的入口处限制车的载重，该方案实施起来较为简单，但容易使桥梁的等级降低，且没有从本质上改善桥梁的受力情况，对于部分桥梁该方案可行。

方案11：更改为斜拉加固结构，成为组合型桥梁，该方案与已有专利加固类型相同，但用在双幅连续刚构桥上存在一些问题，不能很好适应双幅连续刚构桥的加固：对于双幅连续刚构桥，则单独一个连续刚构桥桥墩处就需要新增多根桩基、多个承台、多个墩柱及多个桥塔，工程量十分庞大，对于全桥而言，则是更甚，且加固结构需要在主梁的两侧增设桩基、承台和墩柱后才能架立桥塔，桩基、承台及墩柱的施工周期长、难度大，尤其是在水中施工、桥墩较高时，费用更高、难度更大；为使斜拉索能作用于主梁而设置的托梁需要布置于梁底，且其长度需要大于桥梁的宽度，一般桥梁宽度有10多米，甚至20多米，导致托梁的结构十分庞大，不仅耗费材料，经济性也不佳，同时托梁过大的自重给斜拉索带来了相当大的负担，但该方案不失为一种较好的解决方案。

方案 12：采用系杆拱结构加固，可有效保证加固效果，有效解决双幅连续刚构桥中跨的跨中下挠过大的病害，按限定的结构尺寸构筑拱座横梁，可以平衡拱的推力，使主拱圈处于良好的受力状态，是一种较为完善的方案。

方案 13：采用背塔斜拉加固结构，可以有效地为连续主梁提供支撑，但该方案不适合应用于加固，因为背塔斜拉的构造对整体桥梁的要求较高，而本桥梁已建成且没有足够的空间设置背塔构造，所以该方案可行性较低。

方案 14：充分利用已有的箱梁腹板作为连接构件，支撑拱座横梁，通过在拱座横梁上设置主拱圈，仅需 1 套系杆拱加固结构即可完成双幅连续刚构桥的加固，与现有技术相比较，可省去一半工程量，节省工期，经济性好，充分利用了结构构件。

方案 15：在桥梁的上部增加构件，为连续梁提供预先反作用力，该结论说明，转变结构体系通过吊杆来预先施加反作用的方法是一种特别可行的方案。

所以通过对以上方案的分析比较及整合得到的最优方案为方案 15，即通过系杆拱结构加固双幅连续刚构桥。

方案得到的加固方式如图 6 – 14 所示：

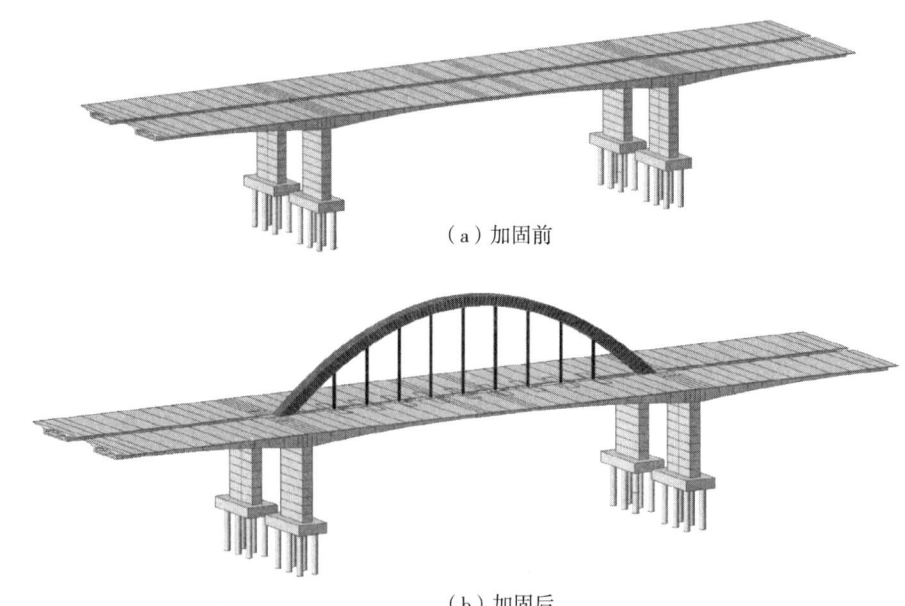

（a）加固前

（b）加固后

图 6 – 14　提出的加固方案模型示意图

由图 6 - 14 可以看出本方案简洁高效，可以充分发挥结构的功能，通过吊杆施加预先的反作用力，为主梁提供竖向支撑减少下挠及开裂，实现了依靠自身解决问题。同时充分利用了现有的构件，将结构的力通过主梁传递给桥墩，通过承台及桩基传递给地基，没有增加新的桥墩、承台和桩基，节省了材料及费用。

4.3 专利预案

通过分析以上利用 TRIZ 理论得到的方案，得出了最适用于本桥加固的方案，并将其归纳总结写成发明专利，得到了如下专利成果。

《一种双幅连续刚构桥系杆拱加固结构及其施工方法》，以下是本发明的全文。

本发明的目的是针对上述现有技术存在的问题提供一种结构简单、施工技术方案完善、施工快捷、安全可靠和经济性好的双幅连续刚构桥系杆拱加固结构及其施工方法。

为了实现上述目的，本发明提供的双幅连续刚构桥系杆拱加固结构如图 6 - 15、图 6 - 16、图 6 - 17 所示，包括主拱圈、系杆和吊杆，其特点是：

所述主拱圈由混凝土拱肋和分别与混凝土拱肋两端相接的两个钢制拱座构成，主拱圈的拱轴线为二次抛物线；所述两个钢制拱座分别埋设在拱座横梁中，拱座横梁置于桥墩上方、双幅连续刚构桥两幅的内腹板之间；所述系杆的数量为 3 ~ 10 道（按拱座横梁的横桥向宽度选取），每道系杆分别穿过水平均匀间隔埋设在拱座横梁中的导管 a，两端张拉后锚固在两个拱座横梁上；沿顺桥向以连续刚构桥的中跨中心线为中心有相互对称、均匀间隔布置于双幅连续刚构桥两幅的内腹板之间的吊杆锚固横梁，吊杆锚固横梁中有竖向埋设的导管 b；混凝土拱肋中有与导管 b 上下竖直对应、竖向埋设的导管 c；所述吊杆的上、下两端分别穿过相互对应的导管 c 和导管 b，张拉后锚固在混凝土拱肋和吊杆锚固横梁上。

所述拱座横梁顺桥向长度 $b_{GZ} = 0.3L_0 \sim 0.6L_0$，横桥向宽度等于 D_b，高度 h_{GZ} 按下式计算得出：

$$h_{GZ} = roundup\left[\frac{D_b^3 \left(N_{ml} + N_d + N_G\right) \cdot \cos\left[\arctan\left(\frac{4f}{L}\right)\right]}{4E_c b_{GZ}^3 \left[\Delta\right]}, 1\right] \text{ (m)}$$

其中：

L_0：主梁零号块长度（m）；

roundup［number，Num_digits］，number 为需要向上舍入的任意实数，Num_digits 舍入后的数字的小数位数（如 *roundup*［5.325，1］=5.4，再如 *roundup*［3，1］=3.0）；

E_c：拱座横梁混凝土的弹性模量（MPa）；

b_{GZ}：拱座横梁顺桥向长度（m）；

D_b：两内腹板的净距（m）；

f：拱轴线的矢高（m）；

L：中跨跨径（m）；

N_{ml}：汽车荷载在拱脚处产生的最大轴向压力（kN），可通过建立桥梁结构有限元模型计算得出；

N_d：张拉吊杆在拱脚处产生的轴向压力（kN），可通过建立桥梁结构有限元模型计算得出；

N_G：主拱圈自重在拱脚处产生的轴向压力（kN），可通过建立桥梁结构有限元模型计算得出；

［Δ］：拱座横梁水平位移的允许值（mm），可通过建立桥梁结构有限元模型计算得出。

所述每道系杆中钢绞线的根数 n 按下式计算得出：

$$n = roundup\left[\frac{1000\ (N_{ml}+N_d+N_G)\cdot\cos\left[\arctan\left(\dfrac{4f}{L}\right)\right]}{\sigma_{con}A_{P1}N_{PS}},\ 0\right]\ （根）$$

式中：

roundup［number，Num_digits］，number 为需要向上舍入的任意实数，Num_digits 舍入后的数字的小数位数（如 *roundup*［5.325，1］=5.4，再如 *roundup*［3，1］=3.0）；

f：拱轴线的矢高（m）；

L：中跨跨径（m）；

σ_{con}：钢绞线的张拉控制应力，其取值为 1302~1395（MPa）；

A_{P1}：单根钢绞线的截面面积（mm²）；

N_{PS}：系杆的道数；

N_{ml}：汽车荷载在拱脚处产生的最大轴向压力（kN），可通过建立桥梁结构有限元模型计算得出；

N_d：张拉吊杆在拱脚处产生的轴向压力（kN），可通过建立桥梁结构有限元模型计算得出；

N_C：主拱圈自重在拱脚处产生的轴向压力（kN），可通过建立桥梁结构有限元模型计算得出。

上述双幅连续刚构桥系杆拱加固结构的施工方法，包括以下步骤：

步骤一，构筑拱座横梁。

对所述置有拱座横梁处的双幅的内腹板表面进行凿毛、植筋后涂刷环氧树脂，然后搭设模板、绑扎拱座横梁钢筋、浇筑混凝土形成拱座横梁，同时在拱座横梁的上方开设孔洞，通过孔洞在每个拱座横梁中预埋钢制拱座，并在拱座横梁中预埋供系杆穿越的导管 a。

步骤二，构筑吊杆锚固横梁。

对所述置有吊杆锚固横梁处的双幅的内腹板表面进行凿毛、植筋后涂刷环氧树脂，然后搭设模板、绑扎钢筋、浇筑混凝土形成吊杆锚固横梁，同时在吊杆锚固横梁上方开设孔洞，穿过孔洞在吊杆锚固横梁内部竖向预埋供吊杆穿越的导管 b。

步骤三，构筑混凝土拱肋。

搭设模板、绑扎钢筋、浇筑混凝土形成与钢制拱座相接的混凝土拱肋，同时在混凝土拱肋中预埋所述供吊杆穿越的导管 c。

步骤四，安装和张拉系杆。

将系杆的两端分别穿过两个拱座横梁中相互对应的导管 a，按所取张拉力张拉后锚固在拱座横梁上。

步骤五，张拉吊杆。

将吊杆逐个穿过上、下竖直相互对应的导管 b 和导管 c，按常规方法进行张拉后锚固在吊杆锚固横梁和混凝土拱肋上，结束施工。

本发明的有益效果是：

（1）本发明按限定的结构尺寸构筑拱座横梁，可有效保证汽车荷载在拱座横梁拱脚处产生的最大轴向压力 N_{ml}、张拉吊杆在拱脚处产生的轴向压力 N_d 和主拱圈自重在拱脚处产生的轴向压力 N_G 等荷载对拱座横梁的共同作用下（不计系杆的水平拉力的贡献），水平位移不超过 [Δ]，确保拱座横梁的刚度既能使主拱圈处于良好受力状态，又能够在系杆失效的极端情况下有效保证主拱圈的安全，从而为主拱圈提供可靠的基础。

（2）因过大施加系杆张拉力可能造成拱座横梁的破坏和主拱圈受力的重新分配，本发明中拱座横梁中系杆的道数按拱座横梁的横桥向宽度选定后，单道系杆中钢绞线的根数按计算公式：

$$n = roundup\left[\frac{1000\ (N_{ml} + N_d + N_G)\ \cdot\ \cos\left[\arctan\left(\frac{4f}{L} \right) \right]}{\sigma_{con} A_{P1} N_{PS}},\ 0 \right]$$

求得，可恰好平衡汽车荷载在拱脚处产生的最大轴向压力 N_{ml}、张拉吊杆在拱脚处产生的轴向压力 N_d 和主拱圈自重在拱脚处产生的轴向压力 N_G 等荷载在拱座横梁上产生的水平力，使拱座横梁和主拱圈处于最佳受力状态。

（3）本发明通过在拱座横梁上设置主拱圈，仅需 1 套系杆拱加固结构即可完成双幅连续刚构桥的加固，与现有技术相比较，可省去一半工程量，节省工期，经济性好。

（4）本发明为有效解决双幅连续刚构桥中跨的跨中下挠过大的病害提供了一套完整、有效、独特的施工技术方案。

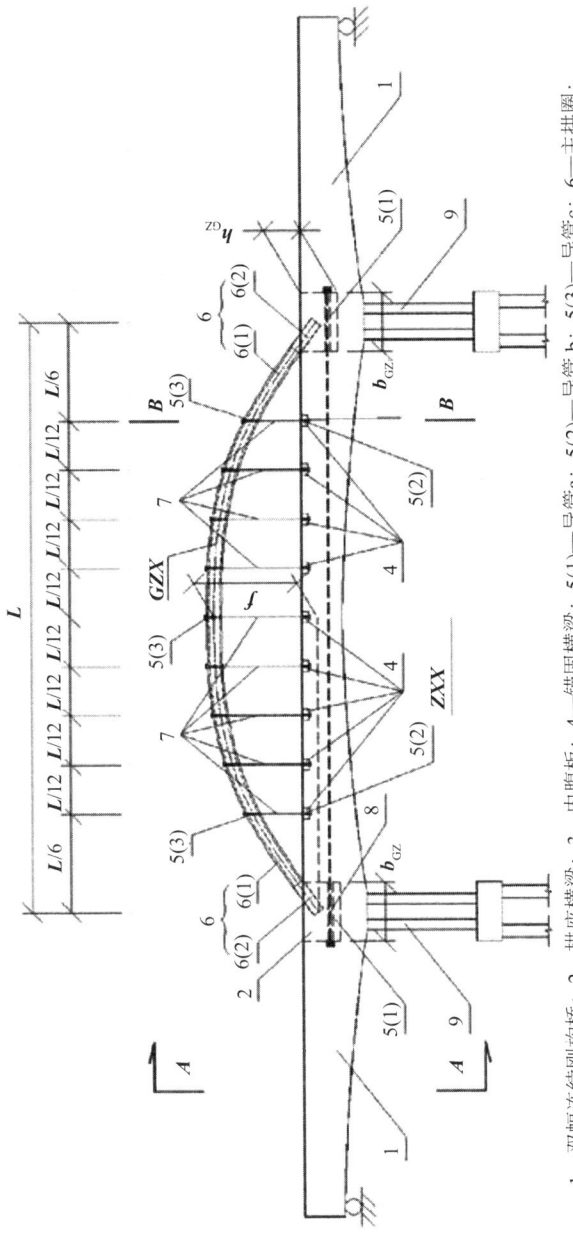

图6-15　本发明双幅连续刚构桥系杆拱桥加固结构的立面示意图

注：图中ZXX表示中跨中心线，GZX表示拱圈的拱轴线。

1—双幅连续刚构桥；2—拱座横梁；3—内腹板；4—锚固横梁；5(1)—导管a；5(2)—导管b；5(3)—导管c；6—主拱圈；
6(1)—混凝土拱肋；6(2)—钢制拱座；7—吊杆；8—系杆；9—桥墩。

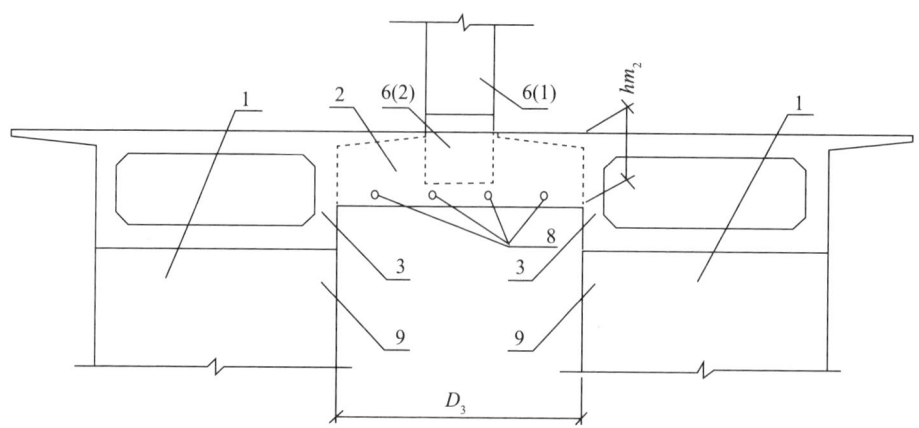

1—双幅连续刚构桥；2—拱座横梁；3—内腹板；4—锚固横梁；5(1)—导管a；5(2)—导管 b；
5(3)—导管c；6—主拱圈；6(1)—混凝土拱肋；6(2)—钢制拱座；7—吊杆；8—系杆；9—桥墩

图 6 − 16　图 6 − 15 的 A—A 剖视图

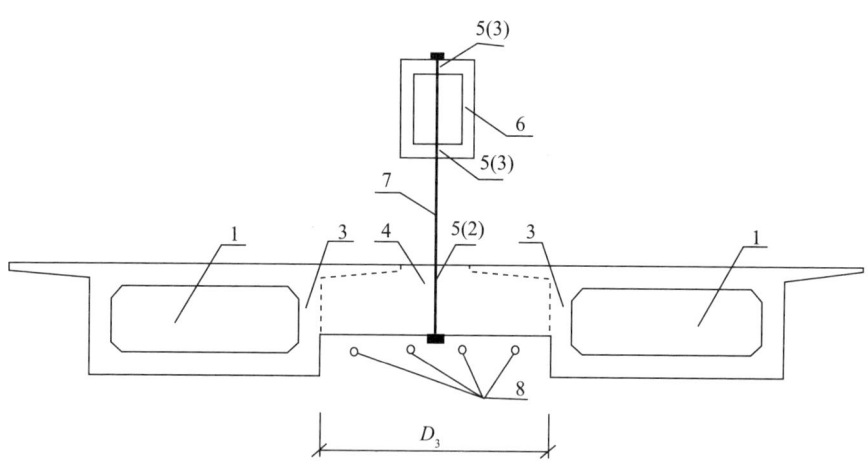

1—双幅连续刚构桥；2—拱座横梁；3—内腹板；4—锚固横梁；5(1)—导管a；5(2)—导管 b；
5(3)—导管c；6—主拱圈；6(1)—混凝土拱肋；6(2)—钢制拱座；7—吊杆；8—系杆；9—桥墩

图 6 − 17　图 6 − 15 的 B—B 断面图

案例2：一种免脱模相变调温
再生混凝土墙体结构

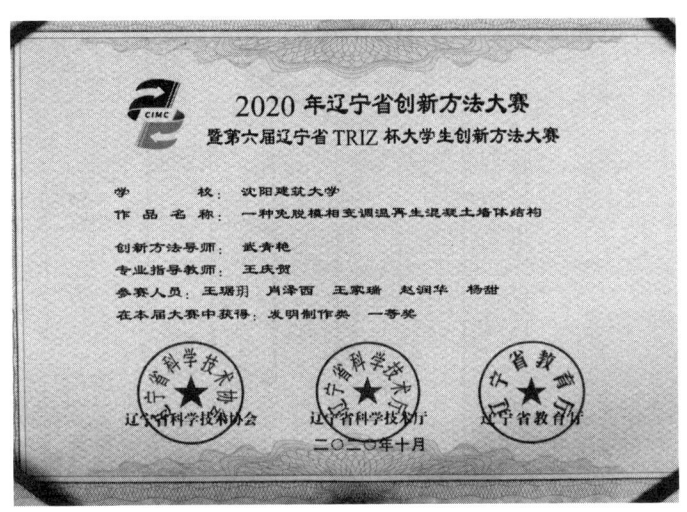

图6-18　作品获一等奖证书

作品名称：一种免脱模相变调温再生混凝土墙体结构（如图6-18）

团队名称：Innovators（革新者）

单位：沈阳建筑大学土木工程学院

创新方法导师：武青艳

作者：王琚玥、肖泽西、王家瑞、赵润华、杨甜

作品简介：

相变调温石膏模壳为长方体，两侧面板上的榫头和榫槽对称且端面呈圆弧形；相邻的两个模壳中间形成椭圆形空腔，空腔中注入现浇再生混凝土；多个模壳的榫头和榫槽相互拼接形成模壳体系；体系面向室内外的一侧表面设有水泥砂浆抹灰层。该设计可提高固体废弃物的综合利用率，墙体免脱模，改善墙体易开裂的病害。

应用的TRIZ理论：

通过系统功能分析，找出技术系统的技术矛盾和物理矛盾，建立问题模型，运用预先反作用、物理等参数改变、嵌套和空间分离等原理求解得到本发明初始方案，再通过技术系统进化法则优化方案，并进行最终理想解评价。

具有代表性的作品照片，如图 6-19 所示。

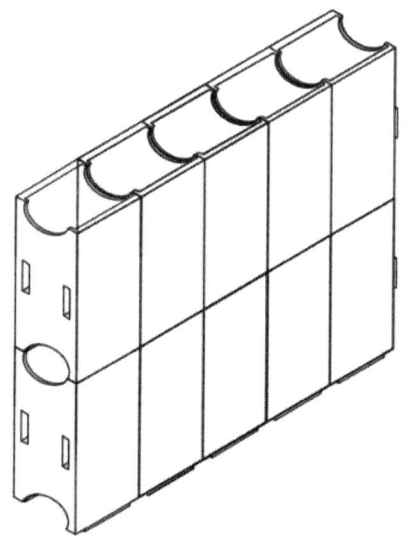

图 6-19　方案模型三维示意图

申报作品 TRIZ 理论应用情况
第一部分　问题描述

1.1　问题描述

再生混凝土也可称为再生骨料混凝土，它指的是将一些废弃混凝土块通过回收、破碎，之后再清洗、等级划分后，一部分或者是所有替代天然骨料，再按相应的配比与水泥、砂、水搅拌配制成的新混凝土。不论是哪个国家，在基础建设的发展中，都离不开对混凝土的大量需求。然而混凝土的基本材料，基本上无一不是对自然环境的极大耗损，水泥、钢铁、石料等作为基本建筑材料，在加工过程中都对环境影响比较大。所以，在满足工程技术要求的前提下，对废弃的混凝土块开展再加工处理，生成再生建筑材料，可以充分地循环利用好建筑材料，进而实现保护生态环境，循环利用的总体目标。

日本与欧美等发达国家和地区在实验的基础上已经颁布了相应的规范和指南，以规范再生骨料的利用，特别是在建筑结构中的应用。目前日本和欧美已经有了再生材料结构应用的成功范例，如德国达姆施塔特的新型住宅区"螺旋森林"和奥斯纳布鲁克的德国联邦环保局总部大楼（该楼为德国第一个用再生混凝土建造的大型建筑，该建筑在内部构件中使用了100%的大于4mm的再生骨料）和日本的 ACROS Shin-Osaka 建筑。德国目前将再生混凝土主要应用于公路路面。德国 lowerSaxong 的一条双层混凝土公路采用了再生混凝土，该混凝土路面总厚度260mm，底层混凝土190mm采用再生混凝土，面层70mm采用天然骨料配制的混凝土。美国密歇根州的两条公路也是由再生混凝土修建而成。

国内外墙体板材（以下简称"墙板"）品种很多，有工业废渣隔墙板、轻质隔墙板、GRC板、陶粒轻质隔墙板和各类石膏轻质隔墙板，还有我们现在已开发的建筑垃圾再生混凝土墙体板材（以下简称"再生混凝土墙板"）等。

基于对早期研究成果的综述分析，早期学者对1945—1985年期间世界范围内关于再生混凝土抗压强度的研究进行了全面分析，发现再生混凝土的抗压强度大概比普通混凝土降低5%~24%。有的学者的实验甚至发现再生混凝土各龄期的抗压强度均低于普通混凝土，平均降低幅度为15%。他们认为，再生混凝土抗压强度低的主要原因是由于再生骨料与新旧砂浆之间存在的较为薄弱的黏结区域。但是随后，其他学者的实验与之出现截然相反的结论，人们发现，再生混凝土通过控制其特定的配比，是可以达到人们生活所需的条件的。

但是大量的再生混凝土墙板投入后，仍常会出现一些病害，其中比较典型的病害是墙板普遍存在墙体墙板接缝开裂，如图6-20所示。各种轻质建筑板材在安装后，衔接部位和部分面层经常产生裂缝。

本书主要针对再生混凝土墙板的这种病害进行维修加固，运用TRIZ理论解决这类问题，得出最优方案。

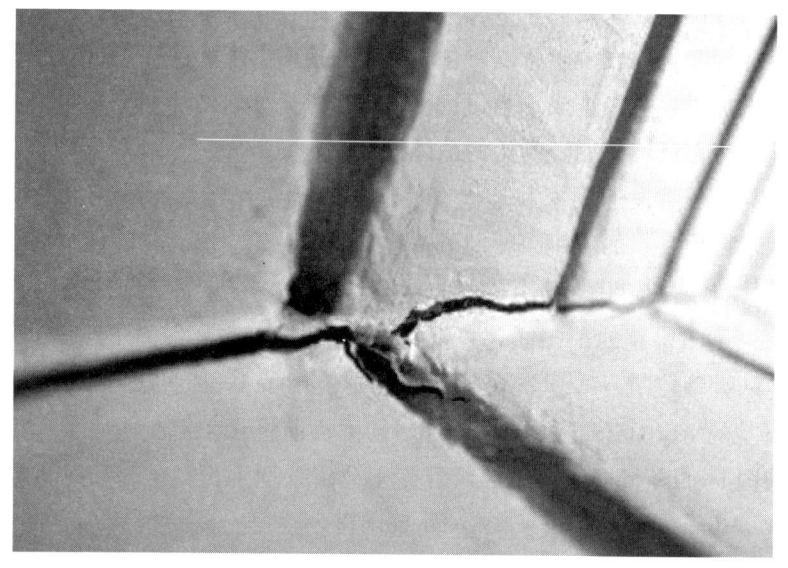

图 6 - 20　再生混凝土墙板开裂

1.2　再生混凝土墙板的可行性及主要限制条件

国内外专家学者从不同的角度，对再生混凝土的基本性能进行了大量的研究，研究表明再生骨料具有孔隙率大、吸水性高、骨料密度比天然骨料低、导热系数低等特点，采用废弃混凝土生产的再生骨料是可以取代原有的天然骨料的，所配置的再生混凝土与普通混凝土各项性能具有很高的相似性。因此采用废弃混凝土生产的再生骨料取代原有天然骨料，制作再生混凝土墙体，在满足强度和热工性能等方面的要求理论上是可行的。

由于再生混凝土墙板的面密度较低，密实程度较差，再加上墙板的成型过程属于干硬性混凝土的强制挤压成型，内部结构中含有大量微小孔隙，经 28 天自然养护后，墙板中仍具有一定的含水率，在自然条件下，随着时间的推移，孔隙中的水分逐渐丧失，墙板本身就形成了一定的收缩，尤其是墙板安装一段时间之后，大气温度、湿度突变的情况下，收缩最为明显，如图 6 - 21、图 6 - 22 和图 6 - 23 所示。

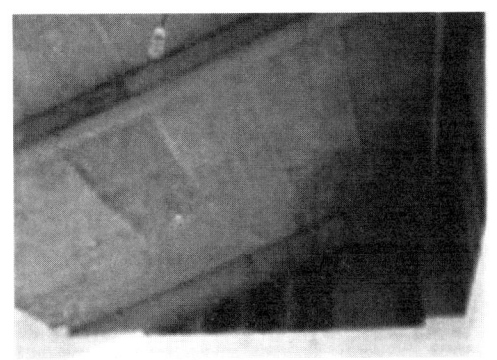

图 6 – 21　再生混凝土墙板工程应用

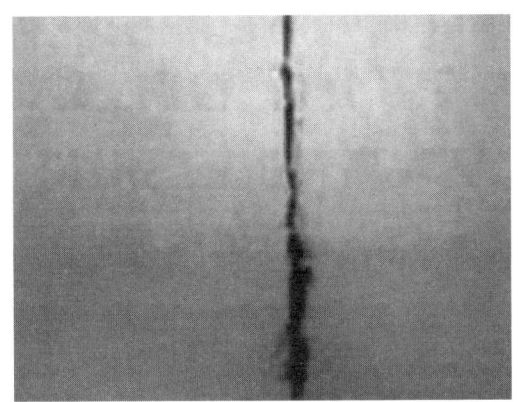

图 6 – 22　再生混凝土墙板开裂

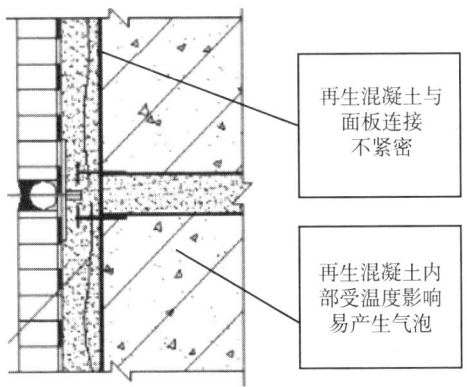

图 6 – 23　再生混凝土墙板内部限制条件

所以导致再生混凝土墙板自身裂缝的主要原因是：外界温度无法控制导致收缩应力过大且无法释放。

1.3 已有专利分析及存在的问题

带着对上述问题的思考，通过相关专利的检索，找到此类病害可以借鉴的加固方法如下。

中国专利 CN109834805A 提供了一种免蒸压全再生细骨料混凝土墙板及其制备方法。将特定的再生细骨料混凝土混合物均匀装入已安装有截面为圆角矩形芯模和钢筋骨架笼的墙板模具中布料，振动、制槽、抹面，然后在不低于 20℃ 的室温下静停 3 ~ 5h 后，抽芯，常压干热养护，养护温度为 45 ~ 60℃，养护时间为 4 ~ 6h，养护结束后冷却脱模，自然养护至 3 ~ 7 天龄期，得到免蒸压全再生细骨料混凝土墙板。

如图 6 – 24、图 6 – 25 所示，该实用新型专利采用特定圆角的圆角矩形开孔，旨在解决原有矩形开孔墙板生产过程中易开裂、良品率低的问题。

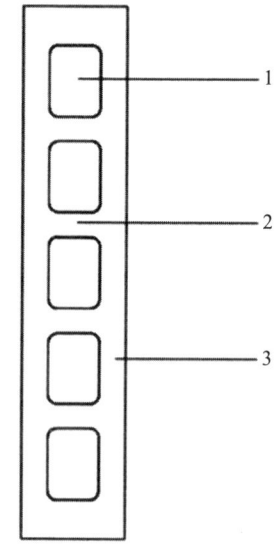

1—圆角矩形开孔；2—孔间肋；3—面壁层

图 6 – 24　已有专利侧面结构示意图

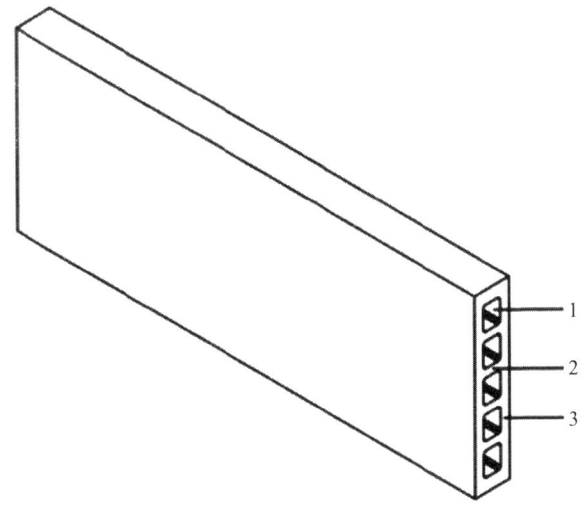

1—圆角矩形开孔；2—孔间肋；3—面壁层

图 6 – 25　已有专利整体结构示意图

但倘大面积地运用上述专利方法，将会造成以下技术缺陷：

（1）该专利使用的再生混凝土混合物需要特定的材料及比例，尤其是对混合物中的再生混凝土细骨料要求极高，在实际工程中，我们很难找到大量完全符合该要求的再生混凝土细骨料。

（2）该方法制作步骤复杂，从再生混凝土混合物的制作到在墙板模具中布料，再到进行振动、制槽、抹面等工艺以及最后的养护脱模，其中养护需要的条件同样苛刻，需要将装有混凝土和钢筋骨架笼的模具在 32°C 的室温下静停 4h 后，抽芯，然后进行常压干热养护，养护恒温温度为 50°C，养护时间为 6h，养护结束后冷却脱模。

（3）墙板制作周期较长，不能快速大量地制作并运用到实际工程中。

（4）特定圆角的圆角矩形开孔一定程度上解决了方形开孔墙板的开裂问题，但结构变化不大，并不能彻底解决墙板开裂的问题。

第二部分　系统分析

2.1　因果链分析

对建筑墙体安装衔接部分与面板产生裂缝造成建筑能源浪费这一问题进行因果链分析，首先分析造成建筑墙体易开裂的原因，经分析得出主要是由于 3 点原因造成的：一是室内空间框架结构布置不合理；二是固体废弃物过多；三是建筑墙体体系简单。然后再具体分析，首先，对于室内空间框架结构布置不合理这一问题，由于框架结构的主要构件是现浇钢筋混凝土板、轻质砌体墙、梁和柱，造成这一问题的主要原因就是房间内梁和柱棱角的外露。由于室内结构与空间结构有很大关系，所以空间结构形式也是造成这一问题的原因。其次，对于固体废弃物过多这一问题，主要是由于近年来经济的飞速发展，建设、施工单位或个人对各类建筑物、构筑物、管网等进行建设、铺设或拆除、修缮的工作也逐年增多，随之所产生的渣土、弃土、弃料、淤泥及其他废弃物也逐年增多。最后，对于建筑墙体体系简单这一问题我们分析可以得出，由于建筑墙体的组成模块（即钢筋混凝土预制楼板、屋面板、砖砌块）的内部结构过于简单，可以考虑通过改变楼板和砖砌块的内部结构来改善墙体抵抗开裂的性能。分析的过程如图 6 - 26 所示。

通过分析可以得到以下防止墙体易开裂的方案：

方案 1：减少板跨，布置无梁楼板柱网。

方案 2：在外墙承重的同时，有一部分内墙采用钢筋混凝土柱代替。

方案 3：次梁和主梁垂直相交，板搁置在次梁上，次梁搁置在主梁上，主梁搁置在墙或柱上。

方案 4：利用废砖瓦生产骨料，可用于生产再生砖、砌块、墙板、地砖等建材制品。

方案 5：由相变调温石膏作为相变调温墙体模壳体系的主要材料。

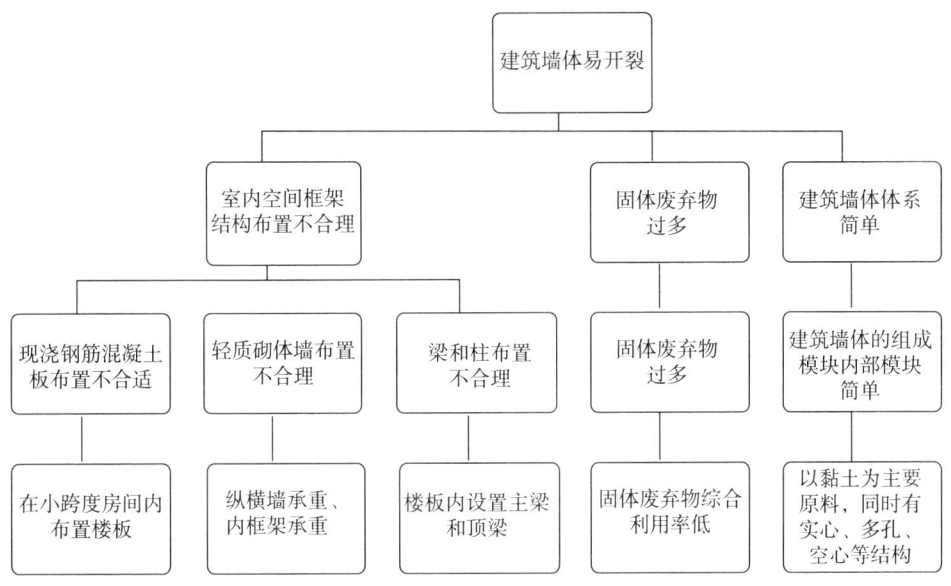

图 6 - 26　因果链分析

方案 6：相变调温石膏模壳为长方体，其中两侧面板上的榫头和榫槽对称设置，且两侧面板上的端面呈圆弧形。

2.2　资源分析

对建筑墙体系统进行整体资源分析，通过系统资源分析，发现其中存在的问题，实现资源优化利用，提高建筑墙体整体性能，改善墙体抵抗外界温度变化并防止开裂的性能，有效减少能源浪费。

建筑墙体结构子系统有：现浇钢筋混凝土、轻质砌体墙、柱、梁；其超系统有地基、楼板、室内环境、大气环境，从而对物质资源、能量资源、信息资源等6 方面进行分析，如表 6 - 4 所示。

表 6-4　资源分析表

种类	物质资源	能量资源	信息资源	空间资源	时间资源	功能资源
系统	框架结构墙	风能 水能 机械能	力的相互作用	框架结构墙所占空间	作用时间	承接附近建筑物的重量、将某一区域分隔开
子系统	现浇钢筋混凝土轻质砌体墙柱梁	风能 水能 机械能	力的相互作用	子系统占空间	作用时间	支撑楼板和顶梁、分割合围室内空间
超系统	地基楼板室内空间大气环境	生物能 太阳能 风能 机械能 水能 化学能	力的传递	墙体所处的大气环境、室内空间	四季变化	承重、隔断作用

通过资源分析得到以下可以改善墙体抵抗外界温度变化对其影响致其开裂的方案:

方案 7:将柱体砌筑成中空结构,与墙体结合形成空腔组合墙体。

方案 8:框架结构采用半刚性连接钢框架结构代替连接处钢材。

方案 9:改变墙体保温隔热层材料,充分利用太阳能、风能自然资源。

方案 10:减少基层墙体厚度,使用有机墙体保温材料,提高外墙体保温效果。

方案 11:采用相变调温石膏模壳为长方体,两侧面板上的榫头和榫槽对称设置,相邻的两个相变调温石膏模壳相连中间形成椭圆形空腔,空腔中注入现浇再生混凝土。

2.3　九屏图分析

对当前的建筑物墙体结构进行九屏图分析，得到如下的结果，如图 6 - 27 所示。

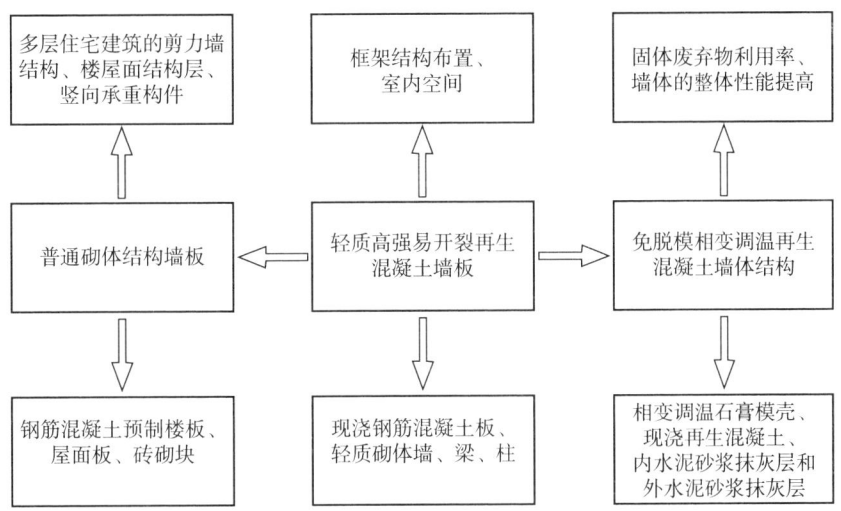

图 6 - 27　免脱模相变调温再生混凝土墙体结构体系的九屏图

通过图 6 - 27 分析得到了以下改善墙体抵抗外界温度变化释放收缩应力的方案：

方案 12：对空间整体进行限制，房间内不外露梁、柱棱角，便于室内布置，方便使用。

方案 13：改变墙体的空间结构，成为悬索、网架、拱、壳体等结构形式。

方案 14：设计相变调温石膏模壳为任意形状，相邻之间的两个相变调温石膏模壳相连中间形成椭圆形空腔，空腔中注入现浇再生混凝土。

方案 15：设计多个相邻相变调温石膏模壳的榫头和榫槽相互拼接形成相变调温墙体模壳体系，所述榫头和榫槽在任意位置。

2.4 系统功能分析

为了改进建筑墙体无法控制外界温度导致收缩应力过大且无法释放的问题，我们对建筑墙体组成模块的选材和内部结构进行功能分析，如图 6 – 28 所示。

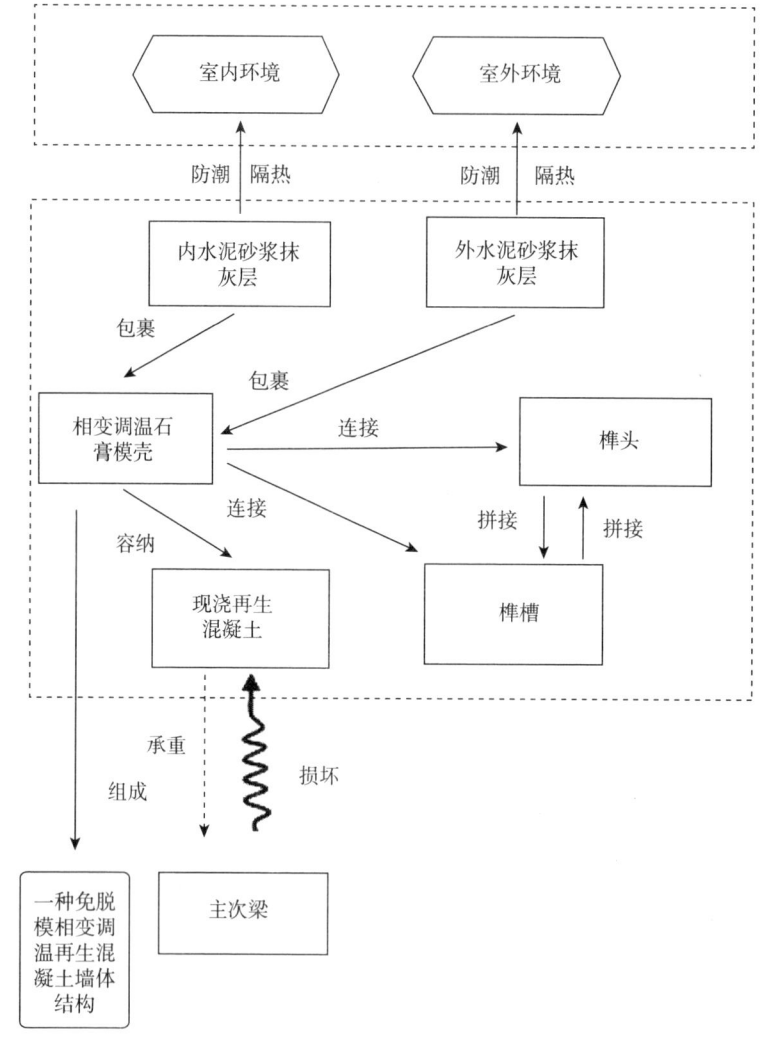

图 6 – 28 功能模型图

该组成模块最主要的功能是承重并形成建筑整体墙面，同时使该墙体具有相变调温功能，提高了建筑的节能效率。

表 6-5   功能分析表

序号	功能组件	作用	功能对象	功能种类
1	内水泥砂浆抹灰层	防潮、隔热	室内环境	有益充分
2	外水泥砂浆抹灰层	防潮、隔热	室外环境	有益充分
3	榫头	拼接	榫槽	有益充分
4	榫槽	拼接	榫头	有益充分
5	相变调温石膏模壳	容纳	现浇再生混凝土	有益不充分
6	现浇再生混凝土	承重	主次梁	有益不充分
7	主次梁	损坏	现浇再生混凝土	有害

从功能分析表 6-5 中，我们发现了相变调温石膏模壳对现浇再生混凝土的容纳作用是有益但是不充分的作用，现浇再生混凝土对主次梁的承重作用也是有益但是不充分的作用；同时主次梁对于现浇再生混凝土的作用是一种有害作用，接下来我们应该考虑采取措施消除这种有害作用，增强有益但是不充分的作用。

2.5   系统功能裁剪

确定裁剪组件榫槽、榫头。裁剪后的系统组件功能模型如图 6-29 所示：

方案 16：相邻相变调温石膏模壳之间采用建筑白乳胶黏结。

方案 17：在地基、主次梁上砌筑可以放置相变调温石膏模壳的凹槽。

方案 18：上、下模壳连接部分采用嵌套结构，最后再使用水泥抹灰找平。

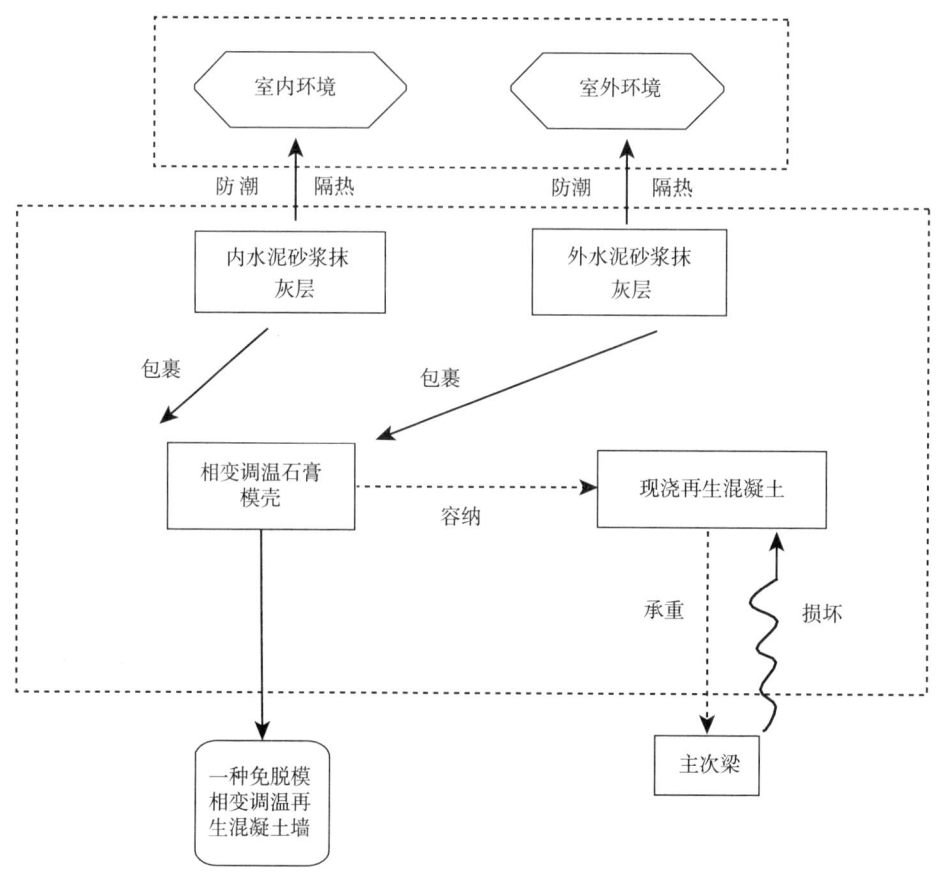

图 6 - 29　裁剪后的系统组件功能模型

第三部分　运用 TRIZ 工具解决问题

3.1　最终理想解

研究对象：再生混凝土墙板。

表 6-6 最终理想解

1. 设计的最终目标	减少墙体墙板衔接部位和部分面层经常产生的裂缝
2. 最终理想解	墙板可以通过自身的结构抵抗裂缝
3. 达到理想解的障碍是什么	外界温度变化不定，自身收缩应力得不到释放
4. 出现这种障碍的原因是什么	墙板的结构体系较为简单，养护条件苛刻
5. 不出现这种障碍的条件是什么	利用墙板特定的结构体系减小外界温度变化对其的影响
6. 创造这些条件所用的资源是什么	相变调温石膏模壳、榫头、榫槽，再生混凝土混合物

3.2 技术矛盾分析

（1）原问题技术矛盾表述：

本书要解决的问题是再生混凝土墙体易开裂，导致建筑墙体中固体废弃物的综合利用率较低，无法进行大规模推广。

如图 6-30 所示，如果使用混凝土等固体废弃物，建筑垃圾会减少，墙体整体性能提高（包括抵抗开裂的性能），但是二次利用的建筑材料，力学性能会有较大程度下降，导致墙体的强度降低。

（2）问题模型：

需要改善的参数是：22—物质损失。

恶化的参数：14—强度。

（3）解决方案模型：

对应查看矛盾矩阵表得到参考创新原理为：9—预先反作用原理；30—柔性壳体和薄膜原理；36—相变原理。

方案 19：在固体废弃物混凝土中掺入细骨料，提高再生混凝土强度。

方案 20：将固体废弃物作为辅料少量加入拌制的新生混凝土中。

方案 21：将强度低的再生混凝土用作一层地面和顶层楼板，减小基面的承载重量。

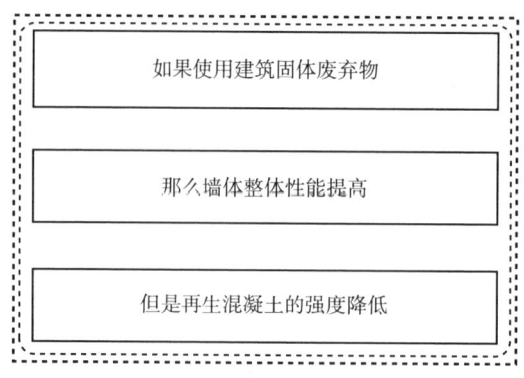

图 6 - 30　技术矛盾分析图

方案 22：将再生混凝土注入模壳内，提高模壳的承载强度，不进行脱模处理，让其分担再生混凝土的承载压力。

3.3　物理矛盾分析

通过上述对板式楼板、纵横墙、主梁和次梁等已有技术系统的功能分析可知，正是由于近几年城市人口密度的急剧增加，土地供应不足现象严重，以及一些设计和施工方面的原因，使得墙体过分追求轻质高强，难以同时满足提高室内空间利用率、建筑节能效率和达到墙体正常承重需求，从而使得墙体开裂。

在这个问题中，随着住房密度的急剧增加，就需要墙体所占的空间体积减小，但是对于已建墙体，其体积是设计时就已经确定的，因而墙体所占的空间体积不能过小，否则就会因承受较大的轴力或弯矩，而出现结构失稳、墙体开裂等病害。所以，建筑墙体的体积（截面的惯性矩及弯曲截面系数如图 6 - 31 所示）既要大又要小，这就形成了一对物理矛盾。

可以发现，在上述问题分析过程中的一个重要的物理参数就是体积（截面的惯性矩及弯曲截面系数），保证惯性矩足够大，就可以阻止由于墙体体积减小而导致的结构失稳。根据上述分析可知，增大墙体结构的惯性矩，就可以减小简支梁在承重时所受的最大切应力，达到满足承重安全要求的效果，然后可以实现对墙体体积进行调节的功能。那么，我们要解决的问题就变成如何在减小墙体承重结构体积的条件下，而又不影响墙体的承重能力呢？

拟采用分离原理。

首先，我们很难控制所承受的轴力和弯矩，同时为保证建筑墙体的刚度，也不能一味地减少承重。考虑至此，既然不能通过技术系统中的原有组件来解决矛盾，那我们换个角度，是否可以通过改变墙体的内部结构来解决系统的物理矛盾呢？

结合材料力学的相关理论，我们想到了"大分离原理"中的"系统级别分离原理"：可以对墙体子系统的结构进行设计，来保证墙体结构产生足够大的惯性矩，这样，就实现了在减小墙体承重结构体积的条件下，而又不影响墙体的承重能力的目的，继而可以阻止由于墙体体积减小而导致的结构失稳。那么如何对墙体子系统的结构进行设计呢？

截面形状	截面惯性矩	截面系数 Z
圆形 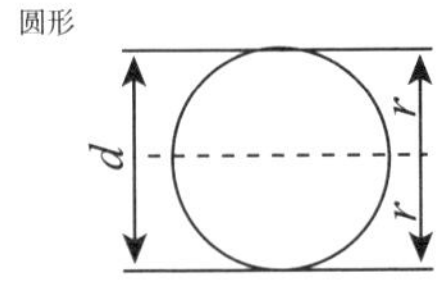	$I = \dfrac{\pi d^4}{64} = \dfrac{\pi r^4}{4}$	$Z = \dfrac{\pi d^3}{32} = \dfrac{\pi r^3}{4}$
环形 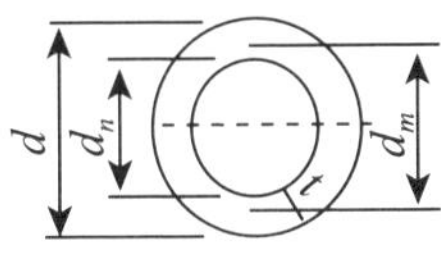	$t = \dfrac{\pi(d^4 - d_1^4)}{64}$ 薄壁 $I = \dfrac{\pi}{8} t \cdot d_m^3$	$Z = \dfrac{\pi(d^4 - d_1^4)}{32d}$ 薄壁 $Z = \dfrac{\pi}{4} t \cdot d_m^2$

图 6 – 31　圆形与环形截面惯性矩及截面系数

我们知道，当杆件的横截面面积相同的情况下，材料越远离横截面的形心，杆件的惯性矩（弯曲截面系数）越大，这些材料的力学特点可能给我们解决本发明问题提供思路。

3.4　物场分析

对免脱模相变调温再生混凝土墙体结构进行物场分析，应先找到本结构的物质和场，首先墙体所处的场是机械场，作用是力，工具物质是调温石膏墙体，工件物质是主次梁、柱、楼板。通过对该系统进行物场模型分析，如图 6 – 32 所示，本模型属于有害效应，墙体对主次梁的承重作用过大。针对这一问题模型我们可以选择的解法有：加入新的物质、加入新的场、加入新的物质和场，改变原有物质、改变原有的场、改变原有的物质和场。我们选择改变加入新的物质、加入新的构件来弥补。

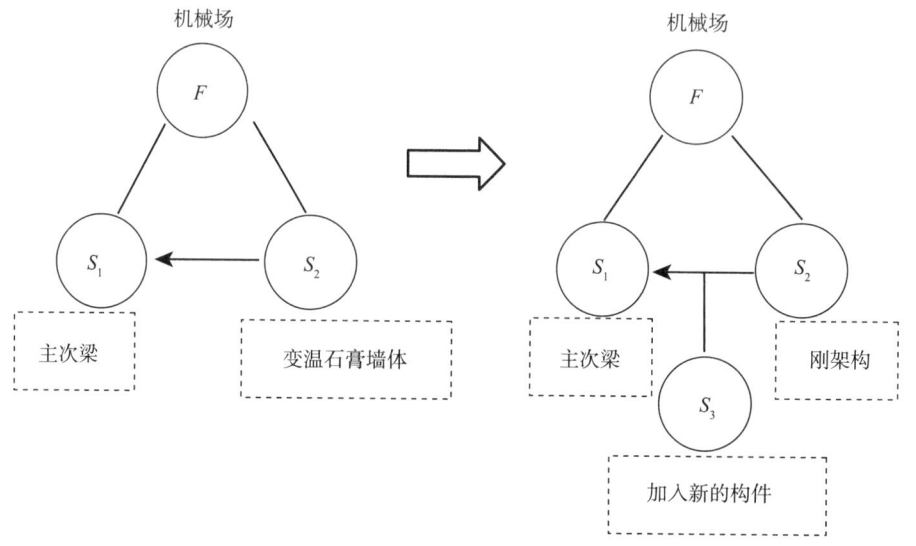

图 6 - 32　物场模型图

通过物场分析，我们考虑到在原有的变温石膏墙体中加入能够产生支撑作用的钢结构构件，如图 6 - 33、图 6 - 34 所示。

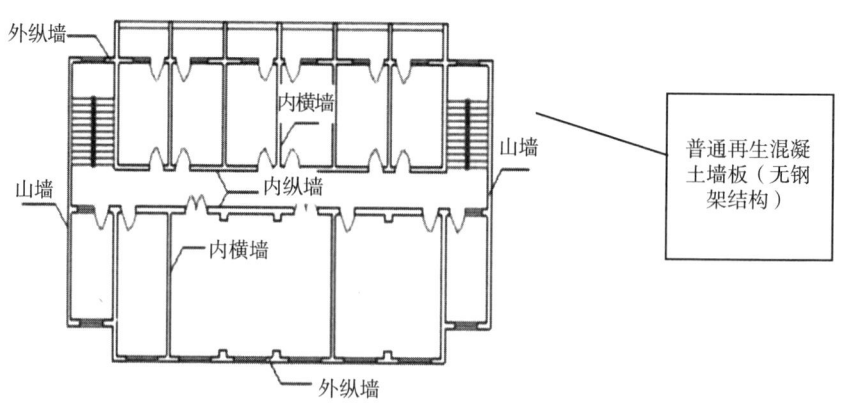

图 6 - 33　普通变温石膏墙体

加入墙板内的钢架结构（在钢架上进行再生混凝土浇筑）

图6－34　加入墙板中的钢架图

方案23：在变温石膏模型中加入长方体刚架构，来提高墙体的稳定性，增加承载重量。

3.5　进化法则

绿色能源、材料回收再利用是如今建筑行业发展的风向标。早期的墙体由水泥墙体到砌体墙不断发展，但是仍不能满足当今建筑行业的发展需求。伴随着工业化的技术信息时代来临，相变调温材料开始进入工程中，如：固—固定形相变材料、石膏、高分子混凝土等。值得注意的是，相变调温材料与建筑材料的有机结合是亟待解决的问题。把相变调温材料制作成模壳，装载建筑材料，实现两者的利用，是解决问题的优良途径。

对墙体材料的进化路径预测。进化过程：水泥墙—石墙—青砖墙—灰砂砖墙—大理石墙—相变调温再生混凝土墙体，如图6－35所示。

协调性进化法则：相邻的模壳之间通过榫头、榫槽协调连接，上、下模壳之间形成空腔，形状充分协调，便于混凝土注入。相变调温材料与再生混凝土的工作节奏容易实现一体化，确保调温材料与混凝土共同发挥作用。

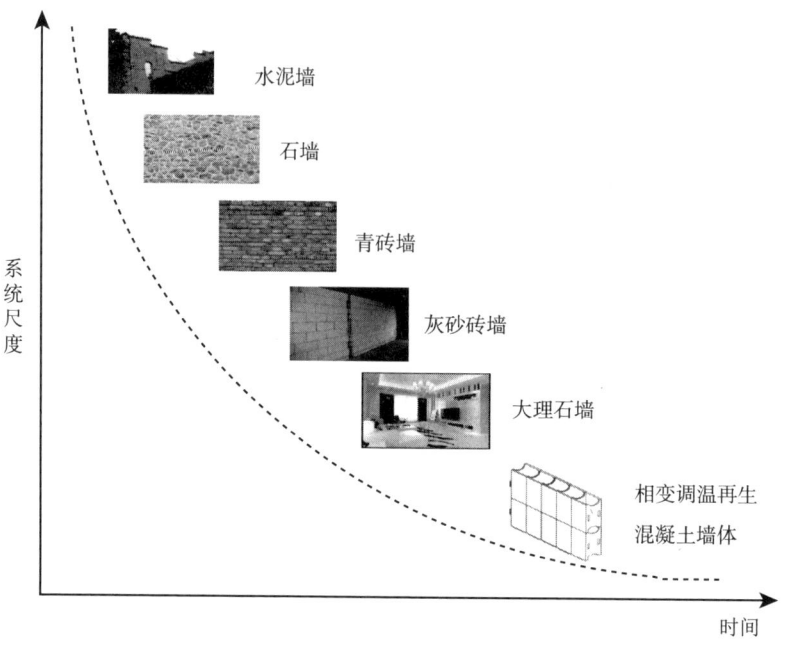

图 6 - 35　墙体材料进化图

第四部分　技术方案整理与评价

4.1　全部技术方案

方案 1：减少板跨，布置无梁楼板柱网。

方案 2：在外墙承重的同时，有一部分内墙采用钢筋混凝土柱代替。

方案 3：次梁和主梁垂直相交，板搁置在次梁上，次梁搁置在主梁上，主梁搁置在墙或柱上。

方案 4：利用废砖瓦生产骨料，可用于生产再生砖、砌块、墙板、地砖等建材制品。

方案 5：由相变调温石膏作为相变调温墙体模壳体系的主要材料。

方案 6：相变调温石膏模壳为长方体，其中两侧面板上的榫头和榫槽对称设置，且两侧面板上的端面呈圆弧形。

方案 7：将柱体砌筑成中空结构，与墙体结合形成空腔组合墙体。

方案 8：框架结构采用半刚性连接钢框架结构代替连接处钢材。

方案 9：改变墙体保温隔热层材料，充分利用太阳能、风能自然资源。

方案 10：减少基层墙体厚度，使用有机墙体保温材料，提高外墙体保温效果。

方案 11：采用相变调温石膏模壳为长方体，两侧面板上的榫头和榫槽对称设置，相邻的两个相变调温石膏模壳相连中间形成椭圆形空腔，空腔中注入现浇再生混凝土。

方案 12：对空间整体进行限制，房间内不外露梁、柱棱角，便于室内布置，方便使用。

方案 13：改变墙体的空间结构，成为悬索、网架、拱、壳体等结构形式。

方案 14：设计相变调温石膏模壳为任意形状，相邻之间的两个相变调温石膏模壳相连中间形成椭圆形空腔，空腔中注入现浇再生混凝土。

方案 15：设计多个相邻相变调温石膏模壳的榫头和榫槽相互拼接形成相变调温墙体模壳体系，所述榫头和榫槽在任意位置。

方案 16：相邻相变调温石膏模壳之间采用建筑白乳胶黏结。

方案 17：在地基、主次梁上砌筑可以放置相变调温石膏模壳的凹槽。

方案 18：上、下模壳连接部分采用嵌套结构，最后再使用水泥抹灰找平。

方案 19：在固体废弃物混凝土中掺入细骨料，提高再生混凝土强度。

方案 20：将固体废弃物作为辅料少量加入拌制的新生混凝土中。

方案 21：将强度低的再生混凝土用作一层地面和顶层楼板，减小基面的承载重量。

方案 22：将再生混凝土注入模壳内，提高模壳的承载强度，不进行脱模处理，让其分担再生混凝土的承载压力。

方案 23：在变温石膏模型中加入长方体刚架构，来提高墙体的稳定性，增加承载重量。

4.2 方案评价

针对我们在本研究中提出的问题，如何使再生混凝土墙板抵抗外界条件的影响，释放收缩应力，防止自身开裂？我们对以上技术方案进行整合评价，以期寻找最优的技术方案：

对于方案1，减少板跨，布置无梁楼板柱网，虽然可以减小墙体自身跨度，可以应用到空间布置较小的房间里，一定程度上减小了连接的其下部分墙体承重，但该方法并没有解决本书中所提出的主要问题，且应用范围不广，无梁楼柱板本身承重能力低下，可行性较低。

对于方案2，该方法取得了内屋具有较大空间的外墙承重的同时，内墙的钢筋混凝土柱承重性能尤为优越，再生混凝土墙板的厚度或材料可稍作增加，一定程度上防止了墙板开裂的问题，但该方法造价太高，可行性仍然不高。

对于方案3，该方法使得纵横墙、内框架承重、墙板受力得到减少，但并不能有效帮助我们改善所提出的再生混凝土墙体释放自身收缩应力的问题，且操作方法复杂，主次梁承重太大，可行性较低。

对于方案4，有效地提高了建筑垃圾的综合利用率，但未有效解决本研究中提出的问题。

对于方案5，利用由相变调温石膏作为相变调温墙体模壳体系的主要材料，一定程度上改善了墙体抵抗外界环境影响的问题，且造价较低，工艺简单，具有一定的可行性。

对于方案6，将相变调温石膏模壳定为长方体，其中两侧面板上的榫头和榫槽对称设置，且两侧面板上的端面呈圆弧形，有效减少了再生混凝土浇筑后的气泡，具有一定的可行性。

对于方案7，增大了墙板衔接处与面板之间的孔隙，且墙体承重能力下降，该方法可行性较低。

对于方案8，框架结构采用半刚性连接钢框架结构代替连接处钢材，提高了钢结构房屋抗震抗风的性能，但并不能有效解决本研究中所提出的问题。

对于方案9，利用太阳能、风能自然资源，改变墙体保温隔热层材料，提高了墙体保温隔热的性能，但外界的温度我们无法控制，保温隔热材料无法精准选择，该方法可行性较低。

对于方案 10，减少基层墙体厚度，使用有机墙体保温材料，提高了外墙体的保温效果，一定程度上减少了墙体内部与外界的温度差，但墙体承重能力降低，该方法可行性较低。

对于方案 11，采用相变调温石膏模壳为长方体，改善了墙体抵抗外界环境影响的问题，且造价低，两侧面板上的榫头和榫槽对称设置，相邻的两个相变调温石膏模壳相连中间形成椭圆形空腔，有效减少了再生混凝土浇筑后的气泡，减少了墙体衔接处与面板的孔隙，空腔中注入现浇再生混凝土，使其免脱模，简化了再生混凝土墙体的制作工艺，具有较高的可行性。

对于方案 12，室内整体空间被限制，且无法解决本书中所提出的问题，该方法可行性较低。

对于方案 13，墙体空间结构形式变为悬索、网架、拱、壳体等结构形式，该结构无法应用在民用建筑内，该方法可行性较低。

对于方案 14，相变调温石膏模壳为任意形状，再生混凝土浇筑时，无法使混凝土流畅地自上而下地流入模壳中，模壳与混凝土衔接处容易产生气泡，该方法可行性较低。

对于方案 15，多个相邻相变调温石膏模壳的榫头和榫槽相互拼接形成相变调温墙体模壳体系中，两侧面的榫头和榫槽在任意位置，体系连接不够紧密，且不对称的设置使得混凝土浇筑时具有一定困难，该方法可行性较低。

对于方案 16，建筑白色乳胶黏结容易使得相变调温石膏模壳与乳胶间产生气泡，连接不够紧密，该方法可行性较低。

对于方案 17，无法解决本书中所提出的问题，该方法可行性较低。

对于方案 18，上、下模壳连接部分采用嵌套结构，使得模壳连接紧密，但用水泥抹灰找平，操作复杂，且工人无法准确控制水泥抹灰厚度，该方案可行性较低。

对于方案 19，提高了固体废弃物混凝土的强度，但废弃物中原有骨料的配比我们并不清楚，加入的细骨料量的多少无法控制，且无法解决本研究中提出的问题，所以该方案可行性较低。

对于方案20，将固体废弃物作为辅料少量加入拌制的新生混凝土中，有效地提高了墙体混凝土强度，但改变了我们想要减少建筑垃圾的初衷，且无法有效解决再生混凝土墙体开裂的问题，该方法可行性较低。

对于方案21，将强度低的再生混凝土用作一层地面和顶层楼板，虽然减小了基面的承载重量，但有些强度较低的再生混凝土无法满足民用建筑的规范要求，且墙板作为顶层楼板，外墙大面积与外界接触，墙体依然会开裂，该方法可行性较低。

对于方案22，将再生混凝土注入模壳内，提高模壳的承载强度，不进行脱模处理，该方法分担了再生混凝土的承载压力，使其免脱模，一定程度上隔开了墙体与外界环境，简化了墙体制作工艺，具有一定的可行性。

对于方案23，在变温石膏模型中加入长方体刚架构，有效地提高了墙体的稳定性，增加其承载重量，变温石膏模型也可一定程度上解决墙体自身与外界的温差问题，但该方法造价太高，且难以操作，可行性较低。

表6-7　方案评价打分表

方案序号	消除矛盾	可持续性	成本	复杂性	可行性	总评价	排名
1	3	6	12	13	6	40	18
2	4	7	6	11	7	35	20
3	9	6	9	14	8	46	16
4	6	9	11	12	13	51	13
5	15	14	12	13	17	71	5
6	14	15	13	14	16	72	3
7	12	14	10	9	11	56	9
8	7	9	5	8	12	41	18
9	5	12	13	11	13	54	11
10	8	11	10	13	14	56	9
11	19	18	17	20	20	94	1

方案序号	消除矛盾	可持续性	成本	复杂性	可行性	总评价	排名
12	4	12	10	12	5	43	17
13	13	10	12	11	13	59	7
14	15	14	13	15	15	72	3
15	14	16	14	9	13	66	6
16	12	10	5	16	9	52	12
17	3	8	5	6	4	26	23
18	10	5	4	4	6	29	22
19	4	11	14	16	3	48	15
20	5	9	10	11	15	50	14
21	5	6	6	7	9	33	21
22	14	15	16	16	16	77	2
23	6	14	11	15	12	58	8

通过对以上方案的分析，如表6-7所示，比较及整合得到的最优方案为方案11：

本方案方法由相变调温石膏模壳（如图6-36、图6-37所示）、现浇再生混凝土、内水泥砂浆抹灰层和外水泥砂浆抹灰层组成，利用相变调温石膏模壳为长方体，其中两侧面板上的榫头和榫槽对称设置，且两侧面板上的端面呈圆弧形（所述榫头和榫槽在同一中心线上）；相邻的两个相变调温石膏模壳相连中间形成椭圆形空腔，空腔中注入现浇再生混凝土；由多个相邻相变调温石膏模壳的榫头和榫槽相互拼接形成相变调温墙体模壳体系。

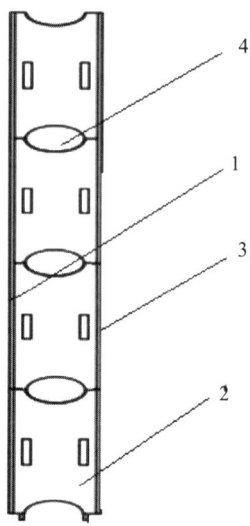

1—内水泥砂浆抹灰层；2—相变调温石膏模壳；3—外水泥砂浆抹灰层；4—现浇再生混凝土

图 6 – 36 相变调温墙体模壳体系剖面示意图

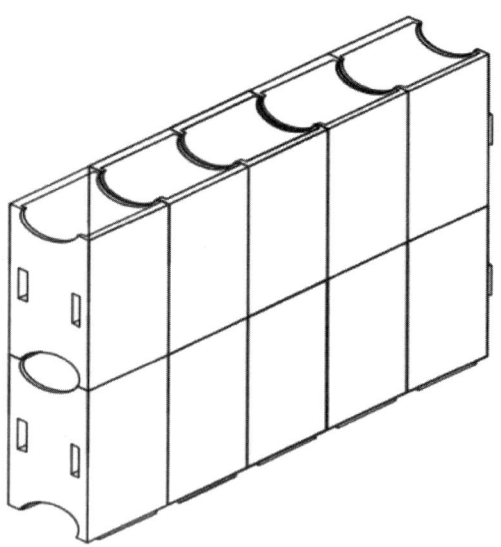

图 6 – 37 相变调温墙体模壳体系三维示意图

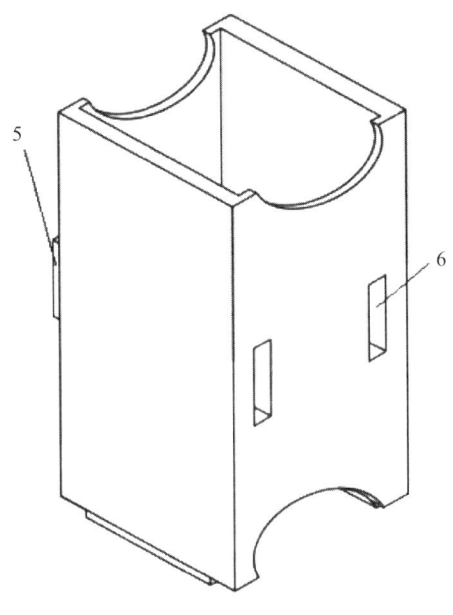

5—榫头；6—榫槽

图 6 - 38   相变调温石膏模壳示意图

由图 6 - 38 所示，榫头和榫槽的特殊结构加上相变调温模壳石膏体系使得外界的温度减小了对墙体自身的影响，使收缩应力得以释放，再生混凝土的浇筑免脱模大大地简便了墙板制作工艺，并促进了我国建筑垃圾再利用及资源循环。

4.3 专利预案

通过分析以上利用 TRIZ 理论得到的方案，得出了最适用于本再生混凝土的墙体抗开裂方案，并将其归纳总结写成实用新型专利，得到了如下专利成果《一种免脱模相变调温再生混凝土墙体结构》：

1. 技术领域

本实用新型专利涉及建筑固废利用领域，特别涉及一种免脱模相变调温再生混凝土墙体结构。

127

2. 专利内容

本专利的目的是提供一种免脱模相变调温再生混凝土墙体结构，具体技术方为解决上述技术问题，方案如下：

本专利的有益效果：提高了固体废弃物的综合利用率，减少了建筑垃圾，并且该墙体免脱模，相变调温石膏模壳—混凝土一体化提高了墙体的整体性，并且该墙体具有相变调温功能，提高了建筑的节能效率。

3. 附图说明

下面结合上述所示的附图，对本专利实施例的技术方案进行清楚、完整的描述，显然，所描述的实施例是本专利的一部分实施例，而不是全部实施例。基于本专利中的实施例，本领域普通技术人员在没有做出创造性劳动的前提下所获得的所有其他实施例，都应属于本专利保护的范围。

一种免脱模相变调温再生混凝土墙体结构，由相变调温石膏模壳 2，现浇再生混凝土，内水泥砂浆抹灰层 1 和外水泥砂浆抹灰层 3 组成；

所述相变调温石膏模壳 2 为长方体，其中两侧面板上的榫头 5 和榫槽 6 对称设置，且两侧面板上的端面呈圆弧形；

所述榫头 5 和榫槽 6 在同一中心线上；

相邻的两个相变调温石膏模壳 2 相连中间形成椭圆形空腔，空腔中注入现浇再生混凝土 4；

由多个相邻相变调温石膏模壳 2 的榫头 5 和榫槽 6 相互拼接形成相变调温墙体模壳体系；

所述相变调温墙体模壳体系面向室内的一侧表面设有所述内水泥砂浆抹灰层 1；

所述相变调温墙体模壳体系面向室外的一侧表面设有外水泥砂浆抹灰层 3；

所述相变调温墙体模壳体系厚度为 200~250mm；

所述相变调温墙体模壳体系侧壁厚度为 30~40mm；

所述相变调温墙体模壳体系的材料为相变调温石膏；

所述再生现浇混凝土的抗压强度为 20~30MPa。

128

案例3：一种主动约束的高强圆钢管混凝土柱的制备

图 6 – 39　作品获一等奖证书

作品名称：一种主动约束的高强圆钢管混凝土柱的制备（如图 6 – 39）

团队名称：钢混家族

单位：沈阳建筑大学土木工程学院

创新方法导师：武青艳

作者：郑安娜、孙正一、李元婧、刘康、卢秋野

作品简介：

主动约束的高强圆钢管混凝土柱，将高强混凝土浇筑至加热的高强圆钢管中，混凝土硬化后停止加热，令钢管产生对混凝土的"套箍"作用，该制备方法一方面可预防混凝土收缩导致的脱空效应；另一方面可充分利用钢管膨胀系数

大的特性，通过"套箍"作用使混凝土处于三向受压状态，提高钢管混凝土的整体力学性能，避免工程灾害，如图6-40所示。

应用的TRIZ理论：

通过分析各组件具备的功能，利用因果链分析确定系统的关键缺点，并由九屏幕法、金鱼法、聪明小人法等方法提出合理解决方案；再分析系统存在的技术矛盾和物理矛盾，结合物场分析找到系统的最终理想解。

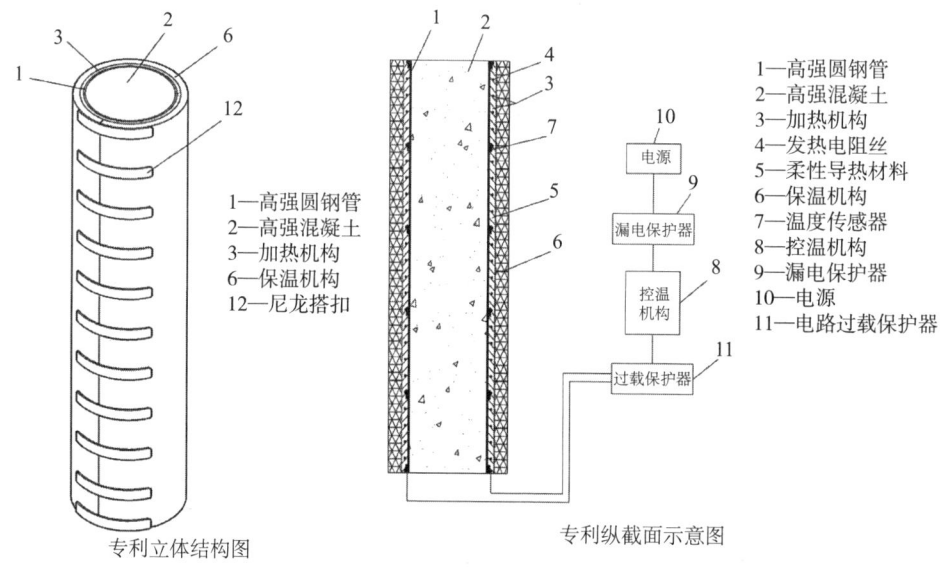

1—高强圆钢管
2—高强混凝土
3—加热机构
6—保温机构
12—尼龙搭扣

1—高强圆钢管
2—高强混凝土
3—加热机构
4—发热电阻丝
5—柔性导热材料
6—保温机构
7—温度传感器
8—控温机构
9—漏电保护器
10—电源
11—电路过载保护器

专利立体结构图　　　　专利纵截面示意图

图6-40　作品示意图

申报作品TRIZ理论应用情况
第一部分　项目概述

1.1　项目来源

钢管混凝土结构自发明以来在土木工程中的应用已有百年历史，因同时具备钢管和混凝土两种材料性能优点，使得钢管混凝土柱在高程建筑中显示出强大的生命力和巨大的发展前景。从 20 世纪 60 年代开始，钢管混凝土柱就开始逐步在桥梁工程、重型工业厂房、桩和一些构筑物中得到应用，并取得了良好的经济效益和建筑效果。仅在 15 年的时间内，采用钢管混凝土结构的高层建筑就接近 50 座，如深圳的地王大厦、赛格广场大厦和上海的陆海城等。

随着高层建筑的需求量急剧上升，钢管混凝土结构与其他结构相比，具有承载力高、塑性强和抗震性能优越、材料用量少和施工简便等优点，因而成为高层及超高层建筑的首选。同时，伴随着国家对绿色建筑的激励政策以及《"十二五"绿色建筑和绿色生态城区发展规划》中提出的全面建成绿色建筑，钢管混凝土作为预制构件符合绿色建筑的需求，因而在高层和超高层建筑中的应用日益广泛，今后将成为高层和超高层建筑中较为主要与实用的结构形式。

但由于混凝土配合比设计不当、钢管材质选取不当、施工工艺不当等问题，容易引发钢管混凝土纵向开裂，致使综合性能严重下降，并导致一系列工程灾害。例如，河北潘家口蓄能电厂变电站的立柱为钢管混凝土结构，自 1996 年以来，每年冬季气温最低时较高钢管中部常发生纵向开裂，最长的裂缝可达十几米，对工程安全造成严重的威胁。

针对由钢管混凝土结构的问题而造成的工程灾害，本书以普通钢管混凝土作为研究对象，通过对钢管混凝土柱的系统分析，找出该技术系统的技术矛盾以建立问题模型，然后运用 TRIZ 理论及相关方法，提出改善方案。

1.2　问题描述

钢管混凝土结构是由混凝土填充薄壁圆形钢管而形成的组合结构。其中钢管和混凝土两者在受力过程中相互作用，即钢管对其核心混凝土起约束作用，使混凝土处于三向受压状态，提高混凝土强度，改善塑性和韧性性能；反过来，混凝土延缓、避免钢管过早发生局部屈曲或整体失稳，从而保证了两种材料性能的充分发挥，弥补了相互缺点，这一完美结合使钢管混凝土成为性能优良的结构材料[1]，具有承载力、高塑性和韧性好、施工方便、耐火性能好及经济效益显著等

---

[1]　张向荣. 钢管混凝土结构在高层建筑中的应用现状及发展 [J]. 中外建筑，2007 (7)：67 - 68.

优点。

但由于核心混凝土和钢管的选材不当、材料强度不足等问题导致钢管混凝土结构承载力不足；并且在施工过程中，由于搅拌不均匀、振捣不密实等问题造成混凝土和易性差、密实度不够导致钢管混凝土发生脱空现象，承载力不足；抑或核心混凝土密实性良好，但由于混凝土收缩导致钢管混凝土脱空；同时钢管和混凝土的热膨胀系数有较大差别，一般钢材的热膨胀系数大约比普通混凝土的热膨胀系数大20%，在环境温度的改变下，钢管和混凝土热胀冷缩的差异很大，进一步加剧了脱空现象。与此同时，在施工中为了符合和易性要求，混凝土的水灰比一般采用0.40~0.60之间，而水泥充分水化所需的水灰比只需在0.19~0.21之间，钢管内混凝土水化后多余的水被封闭在钢管内无处排放、蒸发而形成剩余水分，这些水分积存在钢管混凝土脱空区。当环境温度低于0℃时，水分冻胀，在钢管内产生环向拉应力，而钢管由于低温冷脆性塑性变形能力大大减小，因此当达到最低气温塑性变形的极限时，钢管因承受不了强大的膨胀所产生的环向拉应力而发生拉裂破坏[①]，使钢管混凝土脱空不断加剧，而这又会导致"风箱效应"产生，使钢管混凝土的开裂进一步加剧，严重降低钢管混凝土的承载能力。

第二部分　发明问题初始形势分析

2.1　当前系统的功能及组成

钢管混凝土结构是指在薄壁钢管内填入混凝土而形成的新型组合材料[②]。钢管混凝土结构按截面形式的不同，可分为方形钢管混凝土结构、矩形钢管混凝土结构、圆形钢管混凝土结构和多边形钢管混凝土结构等。钢管混凝土结构的主要功能是在结构体系中承受压力，如在高层建筑中作为受压管柱的建筑构件，在钢

---

① 王佩琼，汤跃超，毛忠艺. 钢管混凝土结构纵裂破坏研究与加固处理 [J]. 工业建筑，2005 (2)：96 - 97 + 109.

② 钟善桐. 钢管混凝土结构：第 3 版 [M]. 北京：清华大学出版社，2003.

梁与梁柱节点等部位共同构成框架结构体系[1]。

2.2　当前系统的工作原理

钢管混凝土结构的基本工作原理就是：钢管借助混凝土的约束作用，可提高自身稳定性，延缓或克服钢管过早发生局部屈曲现象；同时核心混凝土由于钢管"套箍"效应的存在而处于三向受力状态，使其承载力得到提高。

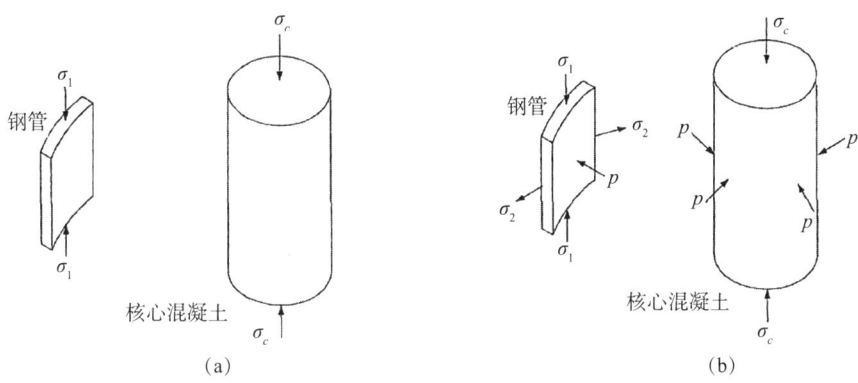

图 6 – 41　钢管与核心混凝土的应力状态

当钢管混凝土结构承受荷载较小时，钢管的泊松比要大于核心混凝土的泊松比，二者没有相互挤压，故没有产生套箍作用，钢管和核心混凝土各自承受纵向压力[2]，二者应力状态如图 6 – 41（a）所示；当钢管混凝土结构承受荷载较大时，钢管和核心混凝土共同工作，在轴心压力作用下，钢管与混凝土之间产生了相互作用的紧箍力 p，钢管对核心混凝土的套箍作用开始出现，使得钢管混凝土均处于三向受力状态[3]，如图 6 – 41（b）所示。

① 武延民. 钢结构脆性断裂的力学机理及其工程设计方法研究 [D]. 清华大学，2005.

② 刘漳. 钢管混凝土结构脱空后的受力性能研究 [D]. 浙江大学，2015.

③ 钟善桐. 钢管混凝土统一理论 [M]. 北京：清华大学出版社，2006.

2.3　问题解决目标

本书希望通过 TRIZ 理论的多种方法对钢管混凝土系统进行分析，希望在充分利用钢管混凝土系统自身的资源，尽量不借助系统之外的资源的基础上，找到提高钢管混凝土承载力的最优解。

2.4　限制条件

造成钢管混凝土承载力不足的原因有很多种，如混凝土强度不高、钢管性能不足、钢管混凝土柱开裂等。由于钢管混凝土的结构或材料性能上的不足而导致的承载力不足是我们要解决的主要问题，故在本研究中将不考虑钢管混凝土焊接问题对其承载力的影响。因此我们设置的限制条件为焊缝质量良好。

2.5　常用的解决方案及不足

通过查阅相关资料，我们得到如下针对钢管混凝土脱空问题目前的解决方案。

1. 从设计指导思想上预防脱空

目前并没有较为成熟的技术方案用来解决脱空问题。目前的解决钢管混凝土脱空问题的方案都没有考虑钢管和核心混凝土的相互作用，而是将钢管和核心混凝土看作两个平行的杆件，在构造上设置纵向加劲肋和横向法兰圈等加强措施，保证钢管和混凝土共同工作。但这种方法过于保守，没有充分利用钢管混凝土的结构优势，不利于发挥钢管混凝土良好的经济效益。

2. 从施工工艺上预防脱空

为解决施工工艺的影响，目前常用的措施主要有：

（1）浇筑初期，在钢管顶部预先开设排气孔，排气孔直径不宜过大，浇筑时注意观察排气孔是否出浆，浇筑完成后及时封堵。

（2）灌注混凝土时，在钢管外设置辅助振捣，即采用人工敲击或附着式振捣器，由下至上进行振捣。

上述方法虽然能在一定程度上改善钢管混凝土系统的脱空程度，但并不能从根本上解决钢管混凝土的脱空问题。

3. 对已经建成的钢管混凝土脱空问题的解决

为解决已经建成的钢管混凝土的脱空问题，目前常用的措施主要有：

（1）二次浆法，即在脱空处对钢管钻孔，压入高强度水泥浆液或改性环氧砂浆填充孔隙处。

（2）外加套环法，即在原钢管处再套一层钢管混凝土环，将钢管分为两半，先用法兰螺栓连接，圆环混凝土浇筑完成并达到设计强度90%时，对混凝土施加预应力，达到设计压力后进行钢管焊接。

在上述的二次灌注法中，二次灌注的浆液由于收缩或灌注得不饱满，钢管和混凝土同样会再次出现缝隙，而外加套环法需要对每一个钢管混凝土结构进行套环，施工工程量大，而且不能从根本上解决脱空问题。

第三部分　系统分析

以钢管混凝土柱为工程系统，针对工程系统出现的三大问题：钢管选材不合理造成钢管性能不满足要求、混凝土强度越高相应收缩性越大之间的矛盾、钢管混凝土开裂性能降低这一系列问题，利用 TRIZ 理论的分析工具进行分析。

3.1　功能分析

为了解决钢管混凝土系统承载力不足的问题，对钢管混凝土组成的工程系统、钢管混凝土柱所处环境作为超系统进行功能分析，识别工程系统和超系统组件相应功能，找出初始缺点下隐藏的中间缺点及末端缺点，并从末端缺点中的关键缺点出发，解决承载力不足这一初始缺点，如表 6 - 8、表 6 - 9、表 6 - 10 所示。

表 6 - 8　钢管混凝土组件分析

工程系统	组件	超系统组件
钢管混凝土系统	钢管 核心混凝土	水分（环境） 水分（混凝土自由水） 空气 环境温度 框架梁 基础

表 6 - 9　钢管混凝土的相互作用分析

组件	钢管	混凝土	水分 （环境）	水分 （混凝土自由水）	空气	环境 温度	框架梁	基础
钢管		+	+	+	+	+	+	+
混凝土	+		−	+	−	+	+	+
水分（环境）	+	−			+	+	+	+
水分 （混凝土自由水）	+	+	−		+	+	+	+
空气	+	−	+	−		+	+	+
环境温度	+	+	+	+	+		+	+
框架梁	+	+	+	+	+	+		+
基础	+	+		+	+	+	+	

表 6 - 10　功能分析表

功能	等级	性能水平
钢管		
约束混凝土	辅助功能	不足
支撑框架梁	基本功能	不足

续表

功能	等级	性能水平
混凝土		
限制钢管	辅助功能	不足
支撑框架梁	基本功能	不足
环境温度		
钢管低温冷脆	有害	
混凝土胀裂	有害	
水分（环境）		
侵蚀钢管	有害	
水分（混凝土自由水）		
侵蚀钢管	有害	
破坏混凝土	辅助功能	过量

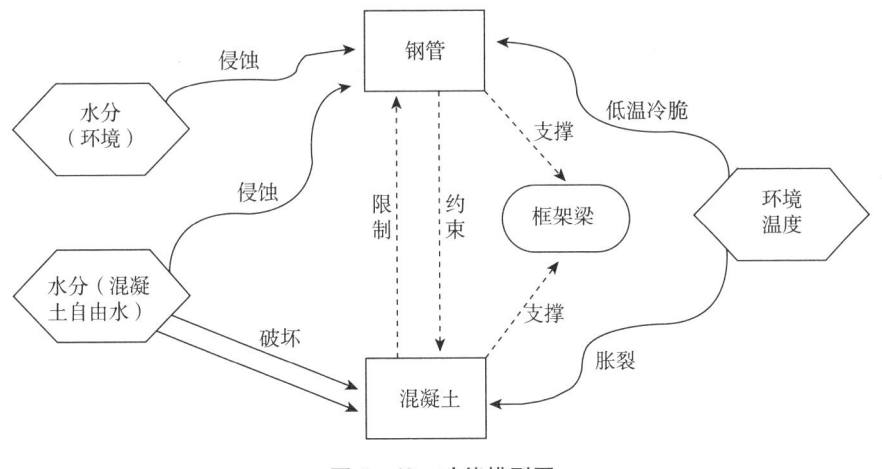

图 6-42　功能模型图

从图 6-42 功能模型图中可以看出：

（1）钢管对框架梁的支撑作用均为不足。（2）混凝土对框架梁支撑作用

137

不足。（3）环境温度对于钢管、混凝土均为有害的功能。（4）水分（环境）对钢管为有害的功能。（5）水分（混凝土自由水）对钢管和混凝土为有害的功能。接下来应该消除有害作用，增强有益但不足作用以及改善过量的功能。

通过功能分析针对承载力不足提出以下方案：

方案1：选择高强圆钢管和高强混凝土材料。

方案2：针对常温钢管膨胀导致与混凝土柱脱空，低温混凝土自由水冻胀导致钢管混凝土开裂，可采用前期在混凝土浇筑时对钢管加热，后期混凝土硬化后，对钢管进行降温处理，产生对混凝土的"套箍"作用，且预防混凝土收缩，同时给混凝土提供良好的养护条件，使混凝土水化充分。

3.2 九屏图法

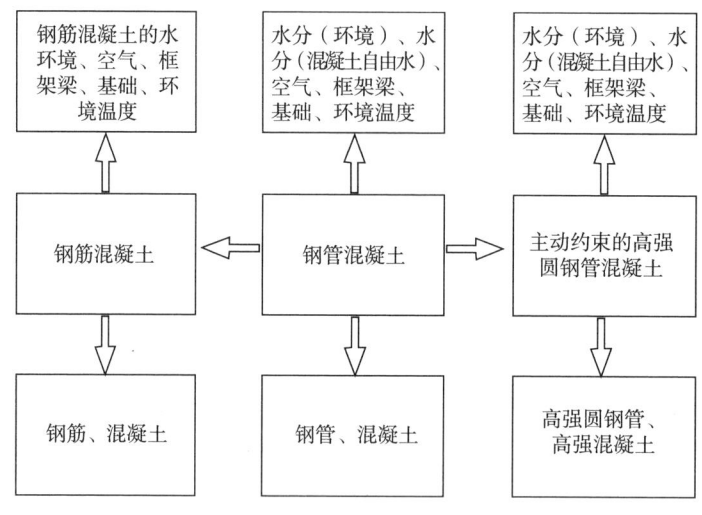

图6-43 九屏图分析

通过图6-43九屏图分析针对承载力不足得到以下方案：

方案3：采用高强圆钢管混凝土柱。在前期向高强钢管中注入高强混凝土时，用加热装置、保温装置对钢管进行加热，当混凝土凝结硬化后，将钢管冷却至环境温度，产生对混凝土的套箍约束力。

方案4：在施工工艺方面，应当搅拌均匀、振捣密实，防止混凝土出现空洞，并且在施工过程中严格控制混凝土配合比和水灰比。

方案 5：使用膨胀水泥（例如硫酸盐水泥）或添加膨胀剂，减小混凝土收缩。

方案 6：在适宜温度下对混凝土进行养护，不仅提高混凝土早期强度而且还能减小混凝土失水收缩。

3.3　因果链分析

针对钢管混凝土的承载力不足这一问题进行因果链分析，如图 6 – 44 所示，经分析造成钢管混凝土承载力不足的原因是钢管混凝土柱自身抵抗力不足以及外部荷载过大。深入分析可知，造成钢管混凝土柱自身抵抗力不足的原因主要有钢管性能不足、混凝土强度不足和钢管混凝土柱开裂。钢管性能不足是由于钢管材质选取不当。低温下，钢管冲击韧性严重降低；混凝土强度不够是由于混凝土强度越高收缩性越明显，两者间产生矛盾；钢管混凝土柱开裂是由于钢管混凝土柱脱空引起。

其中钢管混凝土柱脱空又是由以下几方面造成：（1）混凝土自身收缩性大；（2）钢管和混凝土的线膨胀程度不同；（3）混凝土不密实。混凝土自身收缩性大这一问题，是由于混凝土的组成材料水泥的水化引起自身收缩和干燥收缩，容易产生收缩裂缝，使混凝土与钢管脱离。同时，标准的养护条件不仅对混凝土早期强度提高有利，而且也保证了混凝土具有足够长的凝结硬化时间，防止混凝土失水收缩。此外，由于钢管和混凝土的线膨胀系数不同，在常温下钢管膨胀程度大导致脱空现象；在低温下混凝土中自由水冻胀导致脱空。施工工艺不恰当，混凝土未达到施工要求的和易性，密实度不够，造成混凝土和钢管之间出现空洞。

针对以上问题，可以考虑通过改变体系来提高自己的性能水平。分析过程如图 6 – 44 所示，通过分析可以得到以下改良方案：

方案 7：增添膨胀剂或更换水泥品种，改善水泥密实度和收缩性。

方案 8：利用钢管的较大膨胀系数，在钢管加热情况下注入高强混凝土，待高强混凝土凝结硬化后，令钢管温度恢复到环境温度，产生对混凝土的套箍约束力。

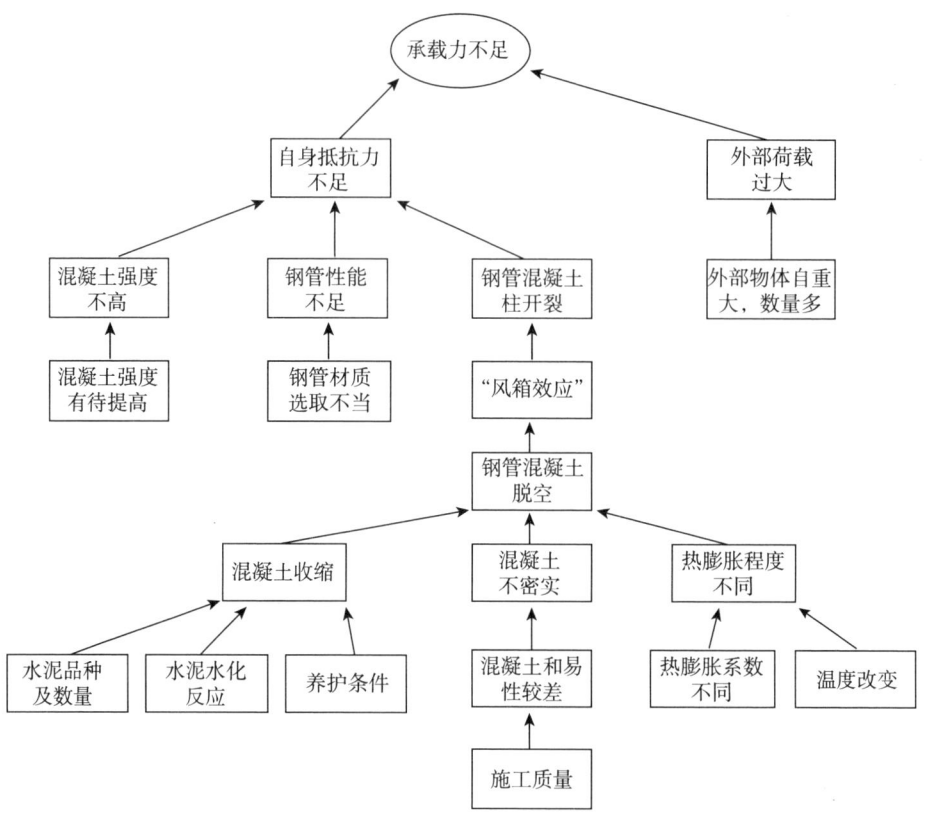

图 6-44　因果链分析流程图

方案 9：加强施工管理，确保混凝土和易性达到工程需要。

方案 10：确保混凝土在适宜温度（10~30℃）和充分湿润的条件下进行养护。

3.4　聪明小人法

当钢管混凝土系统承载力不足时，钢管混凝土系统的一些必要功能就无法实现。用一组小人来代表这些不能完成特定功能的部件，通过能动的小人来实现预期的功能。

1. 用小人描述问题，并进行分组

把对象中的各个部分想象成一群能动的小人，如图 6-45 所示，是一群小人组成的圆面，用来表示一个钢管混凝土横截面。

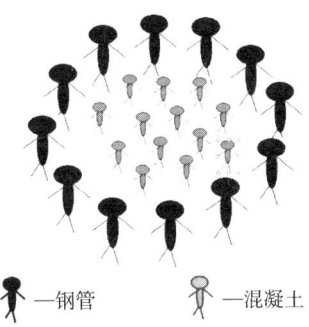

图 6-45　小人构成的钢管混凝土横截面

其中，外层黑色手拉手的小人代表钢管的一圈；灰色运动的小人代表其中的混凝土。可见，外层的黑色小人对内层的灰色小人起到约束作用。

若承载力不足，则钢管混凝土未处于正常的三向受压状态，钢管混凝土之间的紧箍力不能正常发挥作用。造成承载力不足的原因有：（1）钢筋混凝土结构问题；（2）钢筋混凝土系统脱空问题。分别用小人法进行分析：

结构问题：钢管或混凝土强度不足。

为了解决这一问题，提出以下设想：

设想 1：如图 6-46 所示，增加黑色小人的个数，使之足以支撑荷载。

图 6-46　设想 1

由该设想可转化成实际方案：

方案11：在钢管外层进行加固处理，避免钢管过早地发生局部屈曲，从而使钢管的强度得到充分发挥。

脱空问题：钢管混凝土系统的脱空现象转化在小人图中，如图6-47所示，可以看作是一定数量的灰色小人进入黑色小人所形成的圈子中，他们就会向内部奔跑集中，从而使得黑色小人与灰色小人群之间出现较大空隙。

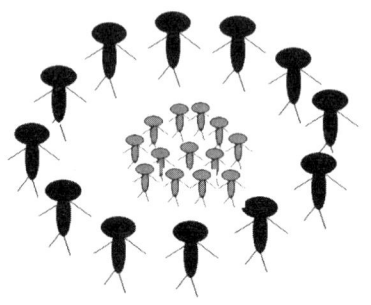

图6-47　设想2

2. 对小人进行改造以达到所需功能

矛盾在于，不希望灰色小人向内跑，而是希望灰色小人与黑色小人之间的距离保持不变。

为了解决这个问题，提出以下几种设想：

设想2：在灰色小人数量、密度不变的前提下，增大灰黑小人之间的相互作用，让黑色小人阻止灰色小人向内奔跑。

设想3：如图6-48所示，增加灰色小人的数量，则灰色小人密度更大，即使灰色小人向内跑，也不会对黑灰小人之间的距离产生过大影响。

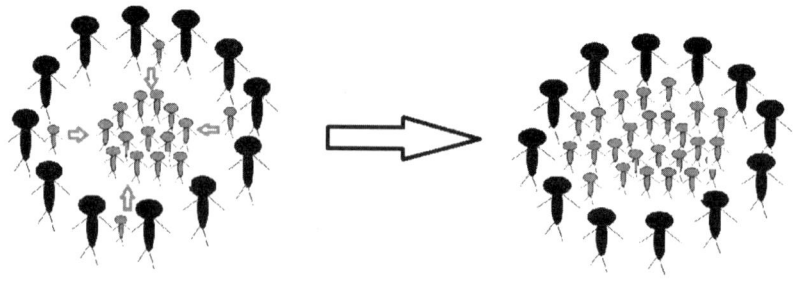

图6-48　设想3

设想4：如图6-49所示，让手拉手的黑色小人向圆心处靠近，减小与灰色小人之间的距离。

图6-49　设想4

3. 将改造后的小人模型转化为实际技术方法，提出以下方案

方案12：改变混凝土的组成成分以改变其强度，采用收缩性小的水泥品种。

方案13：加强施工管理，确保混凝土搅拌的均匀性和振捣的密实性，避免钢管混凝土管内核心混凝土不密实或是有空洞。

方案14：改进工艺，增强钢管与混凝土之间的剪切黏结强度，或在钢管与混凝土之间加入材料，对混凝土起到约束作用，增大二者之间的剪切黏结强度。

方案15：应用圆形钢管来增大内部紧箍力，增大钢管对混凝土的约束套箍作用。

3.5　资源分析

对钢管混凝土这一系统进行资源分析，考察列出现有资源所涉及的所有资源，分析现有资源，对现有资源合理利用，利用现有资源解决问题。

对于钢管混凝土其子系统为钢管、混凝土；超系统为空气、水分（钢管外侧）、水分（混凝土自由水）、框架梁、基础以及环境温度；进而对其进行能量资源、信息资源、空间资源、时间资源、功能资源的分析，得到如表6-11所示的资源分析：

表 6-11　资源分析法表

种类	物质资源	能量资源	信息资源	空间资源	时间资源	功能资源
系统	钢管混凝土系统	机械能、风能	力的传递	钢管混凝土所占用的空间	作用时间	支撑框架梁
子系统	钢管、混凝土	机械能、风能	力的传递	子系统所占用的空间	作用时间	支撑框架梁
超系统	基础、框架梁、空气、水分（钢管外侧）、水分（混凝土自由水）	太阳能、化学能、风能	抵消结构传递的力	钢管混凝土所处气候带、地表气层	四季变化	提供支撑

通过资源分析得到以下解决办法形成完善方案：

方案 16：可以充分利用混凝土的力学性能，给混凝土提供良好的养护条件，使其完成水化反应，预防混凝土收缩。

方案 17：可以充分利用钢筋较大线膨胀系数，使其产生"正套箍效应"，令混凝土三向受压，增加整体性能。

3.6　金鱼法

针对钢管混凝土系统的承载力不足问题，我们可以有一些大胆的设想，并利用金鱼法，通过反复迭代，从理想出发，对幻想、不现实的问题进行构想，最后变为可行的解决方案，如图 6-50 所示。

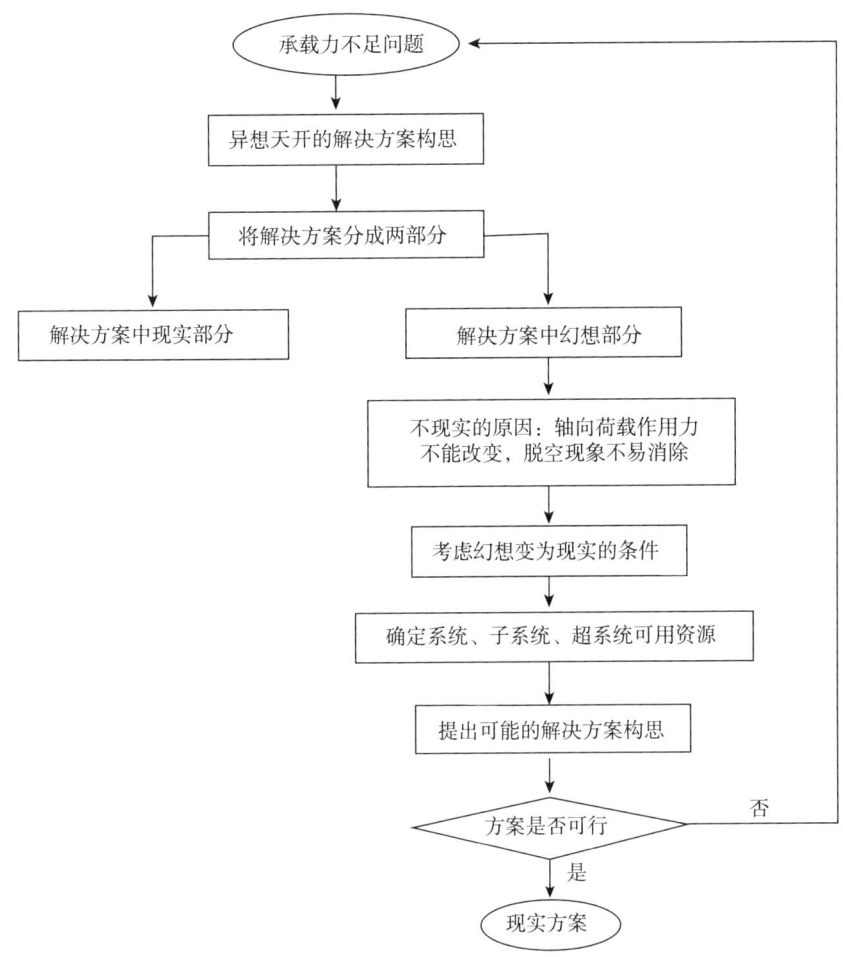

图 6 – 50　金鱼法流程图

问题：怎样解决钢管混凝土系统承载力不足问题？

承载力不足主要是由于：（1）肩梁部竖向裂缝已形成微裂纹；（2）钢管混凝土脱空导致的，因此针对这一问题，可以先提出以下大胆的设想：

设想 1：在肩梁部竖向裂缝已形成微裂纹，残余应力条件下，消除裂纹或阻止裂纹进一步扩展。

设想 2：减小轴压荷载引起钢管混凝土脱空的影响，保证钢管混凝土处于正常的三向受压状态，二者相辅相成，加强承载力。

设想 3：减小温度的升降变化（核心混凝土的温度下降及钢管外部的温度升高）对脱空带来的影响。混凝土收缩的同时钢管也随之收缩，从而使二者之间产生更大的套箍约束力，使混凝土处于正常的三向受压状态。

然后利用以下步骤解决：

1. 把问题分为现实和幻想两部分

（1）现实部分：轴向载荷大、肩梁部存在竖向裂缝、钢管混凝土系统脱空、钢管对混凝土的套箍约束作用减小甚至消失；（2）幻想部分：裂纹消失、混凝土不收缩、钢管随混凝土的收缩而收缩。

2. 问题 1：考虑为什么不现实

（1）轴向荷载作用力不能改变；（2）混凝土的收缩有两方面影响因素，一方面是混凝土自身收缩；另一方面由于温度影响，钢管与混凝土之间的空隙加大。而这些影响因素是无法避免的；（3）钢管作为刚性材料，不能因凭空设想而改变形状或强度。

3. 问题 2：在什么条件下，幻想部分可变为现实

轴向载荷减小；裂纹不再扩展；钢管在不同温度下体积改变。

4. 列出超系统、系统、子系统的可利用资源

超系统资源：水分（环境）、水分（核心混凝土自由水）、环境温度、框架梁、基础；系统资源：钢管混凝土；子系统资源：钢管、混凝土。

5. 从可利用资源出发，提出可能的构想方案

构想 1：在肩梁部竖向裂缝已形成微裂纹时，通过外界力量阻止裂纹进一步扩展，或加装固定装置消除裂纹影响。

构想 2：通过改变加入混凝土前后钢管的温度，从而让钢管在加入混凝土之后收缩，进而可以对混凝土产生套箍约束力，增强承载力。

6. 得到合理方案

方案 18：在肩梁部竖向裂缝已形成微裂纹时，在裂缝处打小孔，阻止裂缝进一步扩展。

方案 19：在加入混凝土后，让钢管温度适当下降，在核心混凝土温度没有大变化的情况下钢管收缩，加大二者之间的套箍约束力。

第四部分　运用 TRIZ 工具解决问题

4.1　建立问题模型

通过对已有钢管混凝土结构的系统分析，通过功能分析等分析方法找出导致钢管混凝土结构承载力不足的技术缺陷，并对这些技术缺陷进行分析，可以找出该发明问题的技术矛盾和物理矛盾，从而建立以下两个问题模型。

问题模型 1：由于温差作用导致钢管和核心混凝土相对温度的变化也是钢管混凝土脱空产生的重要原因。当温度升高时，钢管升温快，核心混凝土温度相对低，钢管的径向膨胀，界面产生径向拉应力导致脱空。由于混凝土的收缩作用一般可以等效为混凝土降温，钢管温度不变，此时界面为拉应力，可以将温差作用和收缩作用归为一个问题模型。温差作用和收缩作用在钢管混凝土结构的正常使用过程中几乎是不可避免的，可通过提高钢管和核心混凝土的稳定性来解决脱空导致的承载力不足问题，但结构稳定性的提高往往意味着更高的制作难度和结构复杂度，导致结构成本的增加。在这一问题中，结构的稳定性和结构的制作难度、结构的复杂度形成了技术矛盾。

问题模型 2：钢管混凝土在施力构件的轴向压力作用下会产生横向变形，由于钢管和核心混凝土所承担的轴向压力不同，两者泊松比不同，因此钢管和核心混凝土的黏结界面上会产生拉应力，导致钢管混凝土产生脱空现象。故此想要缓解钢管混凝土结构的脱空，就要从缓解钢管混凝土在轴向压力作用下的横向变形问题入手。可以提高钢管混凝土的强度，缓解在轴向压力下的横向变形问题。钢管的强度越高，钢管在轴压下的横向变形就越小，但当采用的混凝土强度越高时，混凝土自身收缩越大，钢管与混凝土越容易发生脱空现象，因此核心混凝土的强度又要求小。经分析可知，核心混凝土的强度既要求大又要求小，这是该问题所反映的一个物理矛盾。

4.2 技术矛盾

针对问题模型 1 提出的技术矛盾，确定矛盾双方对应的工程参数，利用矛盾矩阵从 40 个发明原理中找到对应的发明原理解决问题。

问题模型 1 的解决：

该问题的技术矛盾是结构的稳定性和结构的制作难度、结构的复杂度之间的矛盾，提高结构的稳定性，改善钢管混凝土的脱空问题，但采用更好的结构材料则意味着更高的制作难度和结构的复杂度，以上的技术矛盾用通用工程参数描述为：

（1）改善的参数：No.13 结构的稳定性

（2）恶化的参数：No.32 可制造性

No.36 装置的复杂性

其对应 39 个工程参数中的"结构的稳定性"、"可制造性"和"装置的复杂性"，根据矛盾矩阵，找到该技术矛盾的解决可利用的发明原理，如表 6 – 12、表 6 – 13 所示。

表 6 – 12　矛盾矩阵 1

改善参数	恶化参数
	可制造性
结构的稳定性	35、19

注：35—物理/化学参数变化；19—周期性作用。

表 6 – 13　矛盾矩阵 2

改善参数	恶化参数
	装置的复杂性
结构的稳定性	2、35、22、26

注：2—抽取；35—物理/化学参数变化；22—变害为利；26—复制。

通过对问题模型 1 的矛盾矩阵分析，得出解决问题模型 1 技术矛盾的发明原理。与钢管混凝土的实际情况相结合，"发明原理 35：物理/化学参数变化"对解决问题模型 1 是有效的。且问题模型 1 的矛盾矩阵 1 和矛盾矩阵 2 均能导出"发明原理 35：物理/化学参数变化"，利用该原理进行求解，解决该问题模型中的两对技术矛盾。从改善钢管混凝土结构的物理特性方面来看，实现钢管混凝土结构的优越性能的关键是钢管混凝土的三向受力状态，从核心混凝土的三向受力状态入手，增强三向受力状态，进而提高钢管混凝土结构的稳定性；从改善钢管混凝土结构的化学特性方面来看，可以采用稳定性更好的材料，或是加入某种材料来增强原有材料的稳定性。

基于对问题模型 1 的分析，提出如下解决方案。

方案 20：用膨胀系数更小的铱钒钢材料或核心混凝土采用钢纤维核心混凝土、活性粉尘混凝土等。

方案 21：管外部包裹保温材料，使钢管与混凝土的温度变化趋于平缓。

4.3 物理矛盾

针对问题模型 2 的物理矛盾，运用分离原理解决问题。

问题模型 2 的解决：

在该问题模型中，提出了一对物理矛盾，即核心混凝土的强度既要求大又要求小。针对这一物理矛盾，应考虑应用"分离原理"来解决问题。现在的问题主要是核心混凝土的强度必须足够大，这样才能对抗施力构件的轴向压力，使其横向变形问题尽量小，以缓解钢管混凝土脱空带来的承载力不足的问题。同时，核心混凝土的强度又要求小，因为核心混凝土强度越大，脱空问题就越严重。以下是该物理矛盾的解决步骤：

第一步，定义物理矛盾。

参数：强度

要求 1：大

要求 2：小

第二步，什么时间需要满足什么要求？

时间 1：轴向压力过大时，强度大

时间 2：预防脱空问题时，强度小

以上两个时间段不交叉，可以应用时间分离原理。

由分析出的物理矛盾，我们寻找到如表 6 – 14 中可能突破的创新的原理：

表 6 – 14　物理矛盾分析可用创新原理

原理序号	创新原理
9	预先反作用
10	预先作用
11	预先防范

应用"创新原理 9：预先反作用"，钢管混凝土在轴向压力的作用下产生横向变形，基于该原理可以给钢管混凝土系统预置一个反作用力来抑制钢管混凝土横向变形。通过前面的分析可知，钢管对核心混凝土有约束作用，因此可以增强钢管对核心混凝土的约束作用提高钢管混凝土系统的强度；应用"创新原理 10：预先作用"，在钢管混凝土发生横向变形之前，预先对钢管混凝土系统进行特殊安排，如增加该系统的受力构件等；应用"创新原理 11：预先防范"，采用事先准备好的应急措施应对钢管混凝土的横向变形，如在钢管外部设置一层保护装置来抑制横向变形。

基于对问题模型 2 的分析，提出如下解决方案：

方案 22：初期给钢管混凝土装上加热装置，形成一种钢管主动约束的高强圆钢管混凝土系统。

方案 23：管内壁设置纵向加劲肋和横向法兰，能加强钢管与核心混凝土之间的黏结，限制相对滑移，增加构件的承载能力。

方案 24：在原钢管外套一个钢管混凝土环作为脱空之后不满足设计要求的加固措施。

4.4　物场分析

针对钢管混凝土系统承载力不足的问题，进行物场分析，分析过程如下：

（1）第一步，识别原件。查找物体 S_1、S_2 和作用其上的场 F。对于一个钢管混凝土系统来说，可以把这个系统分解为 3 个基本元素，把钢管、混凝土分别用两个物质来表示，二者之间的相互关系可以用一个场 F 来表示。

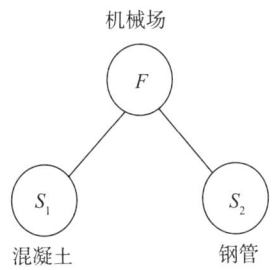

图 6 – 51　初步分析物—场

如图 6 – 51 所示，物体 S_1 是混凝土，物体 S_2 是钢管，两者组合界面存在剪切作用、钢管通过施加机械力来对混凝土产生套箍约束力，因此作用在两物质之间的场 F 是机械场。

（2）第二步，构建模型。由第一步的分析结果，可以得到如图 6 – 52 所示的模型。功能的 3 个元素都存在且有效，其基本结构符合系统的一般完整性要求。

对于问题系统，建立初始物—场模型，用于反映系统的矛盾：由于所分析的问题为"钢管混凝土之间的脱空现象"，这一实际问题反映在系统模型上，即为钢管对混凝土的套箍约束力不足，因此可以进一步得到下面的模型——效应不足的完整模型。

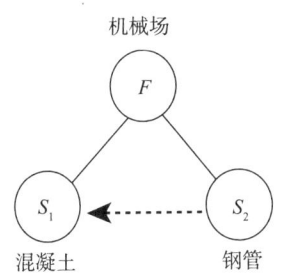

图 6 – 52　初步建立物—场模型

（3）第三步，选择解法。为了解决矛盾，需要对初始模型进行改进，增强物质的可控性，保证发生必要的作用。按照物—场模型所表现出的具体问题，我们查阅相关资料后，找到一般解法中的 4、5、6 解法可以适用。由于钢管与混凝土之间的相互关系只能通过机械场来表示，解法 4"替换场 F"在本问题中不适用。我们采用解法 6——插入一个物质 S_3，并加入另一个场 F_2 来提高有用效应。

151

并通过系统地研究各种能量场来选择可用的场的形式。

　　利用钢管的热胀冷缩效应和钢管与混凝土的热膨胀系数，通过在初期阶段使钢管对混凝土能产生套箍作用，从而保证两者能共同工作，提高承载力。考虑到钢管混凝土系统形成后，温度的长期保持性，系统形成前改变钢管的体积，当系统形成后，钢管温度降低至常温，钢管体积缩小，加强与混凝土之间的相互作用。

　　如图 6-53 所示，物质 S_3 为一个给钢管加热的装置，场 F_2 为热学场，通过 S_3 作用给 S_2 的热，改变 S_2，进一步加强 S_2 与 S_1 之间的作用，使效应不足的模型转变成一个有效完整模型。

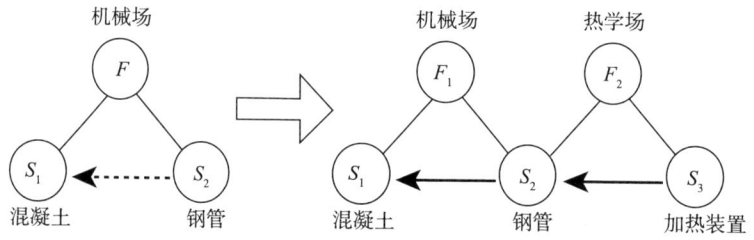

图 6-53　物—场模型的完善

　　（4）第四步，发展概念。将找到的解法与实际问题相对照，并考虑各种限制条件下的实现方式。现实限制条件有：加热装置的可靠性及其与钢管之间的契合度；钢管温度不易控制；加热装置在钢管混凝土系统形成后如何拆除。

　　方案 25：利用加热装置中给钢管加热以改变钢管温度，加强钢管混凝土之间的套箍作用。同时设置一系列保护措施；再加入温度传感器以控制钢管的温度，并可以实时监控情况。

4.5 最终理想解

表 6-15　最终理想解

1. 设计的最终目标	提高钢管混凝土结构承载力
2. 最终理想解	钢管混凝土结构通过自身抵抗温差作用、轴压作用下的脱空问题
3. 达到理想解的障碍是什么	结构材料受温差热胀冷缩，在轴压作用下横向变形

4. 出现这种障碍的原因是什么	结构稳定度、强度不足
5. 不出现这种原因的条件是什么	充分利用现有资源，提高结构稳定度和强度
6. 创造这些条件所用的资源是什么	钢管、核心混凝土等构件

如表 6-15 所示，推测可利用的资源为钢管、核心混凝土等构件。在钢管混凝土结构中，钢管和核心混凝土在受压过程中的相互作用，即钢管对核心混凝土的约束作用使核心混凝土的承载力得以提高。因此钢管对核心混凝土的约束作用越强，核心混凝土的承载力就越强，整个结构抗温差作用的能力也就越强，钢管混凝土结构越不容易发生脱空现象。可以充分利用钢管对核心混凝土的约束作用，设法提高其整个结构的约束作用。

方案 26：充分利用已有钢管混凝土系统内部已有的约束力资源，增强钢管对核心混凝土的约束作用。

第五部分　技术方案整理与评价

5.1　全部技术方案及评价

本书针对钢管混凝土柱承载力不足这一问题提出 26 个改善方案，对这 26 个方案进行相关分析评价，可将这些方案按照解决钢管混凝土柱承载力不足这一问题相应的 7 个关键缺点分成 12 类：

针对方案 1：选择高强圆钢管以及高强混凝土可直接提高组件的自身承载力，该方案实施方便，可行性高。

针对方案 2、3、8、17、19、22、25 以及方案 26：引入加热机构、保温机构等直接资源以及派生资源，在浇筑混凝土时给钢管加热，即将钢管热膨胀系数较大这一有害资源转化成有利资源，而且预防了混凝土收缩带来前期性能未能充分利用这一问题；同时引入的装置成本较低，可循环使用，由此该方案可行。

针对方案 4、9 和方案 13：加强施工管理，确保混凝土满足施工要求的和易性，防止混凝土浇筑时与钢管出现空洞，避免钢管混凝土脱空，该方案技术难度低，可行性高。

针对方案 5、6、7、10、12 和方案 16：采用膨胀水泥、增添膨胀剂或对混凝土进行养护，能有效抵消混凝土自身收缩，而且成本较低，实施难度低。

针对方案 11：在钢管外层进行加固处理，避免钢管过早地发生局部屈曲，该方案耗费大量人力、物力、财力，可行性较低。

针对方案 14：改进工艺，增强钢管与混凝土之间的剪切黏结强度，或在钢管与混凝土之间加入材料，实际实施难度高，较为理想，因此可行性也较低。

针对方案 15：圆钢管中紧箍力均匀分布，通过应用圆形钢管来增大内部紧箍力，增大钢管对混凝土的约束套箍作用，该方案较为可行。

针对方案 18：混凝土收缩是混凝土的自身特性，无法抑制，由此该方案可行性较低。

针对方案 20：选择其他钢管时应考虑钢管强度，不应单方面考虑其热胀系数，该方案考虑不够全面。

针对方案 21：治标不治本，包裹保温材料，延缓温度变化，但解决不了根本问题。

针对方案 23：混凝土收缩是混凝土的本身特性，在管内壁设置纵向加劲肋和横向法兰并不能阻止混凝土收缩，反而增加了成本，可行性较低。

针对方案 24：施工量大、施工复杂、成本高。

通过对以上方案分析比较，可将其中的方案 1、方案 7、方案 5 以及方案 8 合并得出最优方案，即主动约束的高强圆钢管混凝土柱。

如表 6 - 16 所示：

表 6 - 16　全部技术方案及评价表

方案	消除矛盾	产生新的危害	成本	复杂性	可行性	总分	排名
1	19	19	19	17	18	92	3
2	20	19	18	18	19	94	1
3	20	19	19	17	19	94	1
4	20	19	19	16	19	93	2

续表

方案	消除矛盾	产生新的危害	成本	复杂性	可行性	总分	排名
5	20	19	18	17	19	93	2
6	20	18	18	17	19	92	3
7	20	19	19	16	19	93	2
8	20	19	19	17	19	94	1
9	20	19	19	16	19	93	2
10	20	18	18	17	19	92	3
11	10	15	5	10	5	45	8
12	20	19	18	17	19	93	2
13	20	19	19	16	19	93	2
14	5	10	10	5	10	40	8
15	15	15	10	10	5	55	6
16	20	18	18	17	19	92	3
17	20	19	19	17	19	94	1
18	20	19	18	17	19	93	2
19	20	19	19	17	19	94	1
20	16	15	18	10	10	69	4
21	18	15	10	5	10	58	5
22	20	19	18	18	19	94	1
23	20	19	18	17	19	93	2
24	10	15	5	5	10	45	7
25	20	19	18	18	19	94	1
26	20	19	18	17	19	93	2

5.2　专利预案

通过以上分析利用 TRIZ 理论得到的方案，得出了最优方案，并将其归纳总结写成发明专利，得到了如下专利成果：

《一种采用钢管主动约束的高强圆钢管混凝土柱的制备方法》，以下是本发明的全文：

本发明的目的是提供一种采用钢管主动约束的高强圆钢管混凝土柱的制备方法，该方法是将高强混凝土灌注到高强的圆钢管中，当高强混凝土达到硬化状态时，终止对高强圆钢管加热，高强圆钢管恢复至施工环境温度，产生对高强混凝土的套箍约束力，本发明制备方法操作简单、适用性广、能源利用率高，制作的高强圆钢管混凝土柱具有安全可靠、承载力高、耐久性好的特点。

为实现上述目的，本发明采用以下技术方案：

一种采用钢管主动约束的高强圆钢管混凝土柱的制备方法，包括以下步骤：

（1）加工高强圆钢管、高强混凝土若干，在高强圆钢管外表面均匀安装若干个温度传感器；将加热机构包覆在高强圆钢管外表面，将保温机构包覆在加热机构外表面，在加热机构和保温机构的两端设置尼龙搭扣；所述的加热机构通过导线与控温机构相连，加热机构、温度传感器通过导线连接控温机构、漏电保护器、电源、电路过载保护器；将高强混凝土灌入高强圆钢管中，当高强混凝土处于流动状态时，加热机构、保温机构将高强圆钢管加热；具体的连接顺序为加热机构、温度传感器分别通过导线经由过载保护器连接控温机构，控温机构通过导线经由漏电保护器连接电源（如图 6 – 54、图 6 – 55、图 6 – 56 所示）。

（2）通过控温机构设置指定温度，安装在高强圆钢管外表面的若干个温度传感器测出所在位置高强圆钢管的温度，并通过控温机构处理温度数据，调节加热机构的加热量，当高强圆钢管达到控温机构所指定的温度后，温度传感器将温度信息传递给控温机构，高强混凝土达到硬化状态时，控温机构控制加热机构停止加热，使高强圆钢管保持所指定的温度。

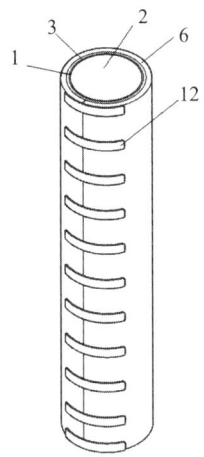

图 6 - 54　专利立体结构图

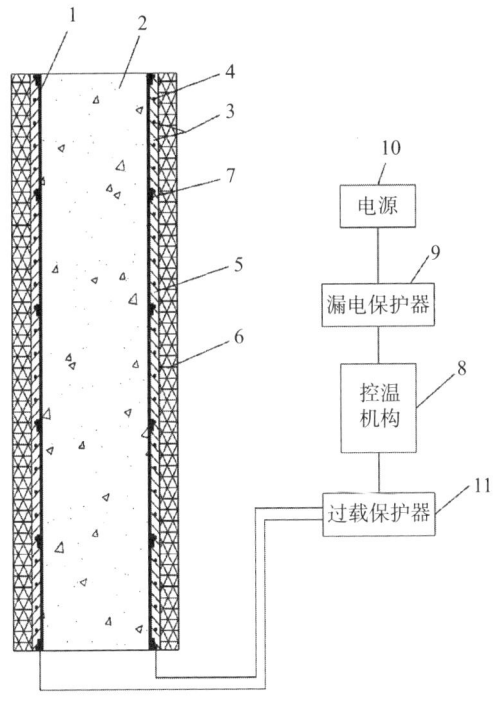

图 6 - 55　专利纵截面示意图

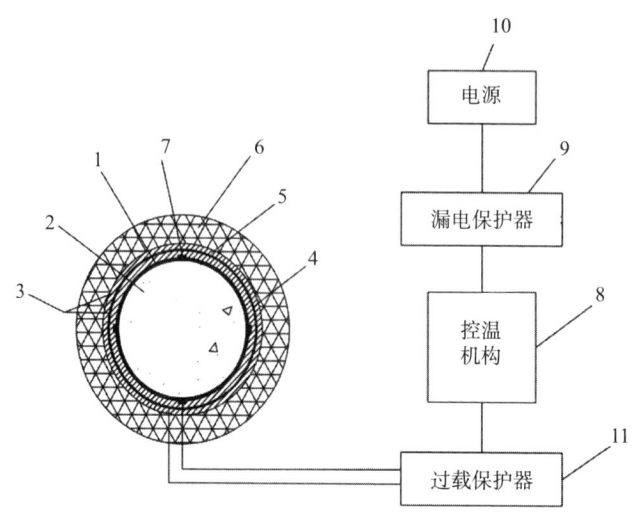

图 6 – 56 专利横截面示意图

注：1—高强圆钢管；2—高强混凝土；3—加热机构；4—发热电阻丝；5—柔性导热材料；6—保温机构；7—温度传感器；8—控温机构；9—漏电保护器；10—电源；11—电路过载保护器；12—尼龙搭扣

（3）高强混凝土硬化之后，拆除保温机构、加热机构、温度传感器，高强圆钢管恢复至环境温度，产生对高强混凝土的"套箍"约束力。

所述的加热机构由发热电阻丝和柔性导热材料构成，发热电阻丝均匀地穿插在柔性导热材料中。

所述的发热电阻丝是康铜丝或镍铬丝。

所述的保温机构内表面覆盖一层热反射膜。

所述的保温机构的材料是陶瓷纤维毯布或玻璃纤维毯布。

所述的指定温度为 $60 \sim 80℃$。

所述的高强圆钢管直径 >400mm，屈服强度 >600MPa，高强混凝土的抗压强度 >80MPa。

所述的控温机构是计算机或者编程控制器。

本发明所具有的优点及有益效果是：

本发明是一种采用钢管主动约束的高强圆钢管混凝土柱的制备方法，是将高强混凝土灌注到高强的圆钢管中，在高强的圆钢管外表面安装若干个温度传感器，并在高强圆钢管的外表面包覆加热机构和保温机构，当高强圆钢管内的高强混凝土处于流动状态时，控温机构通过导线连接控制加热机构，加热机构对高强圆钢管加热到控温机构所指定温度，温度传感器通过导线将温度信息传递给控温机构，控温机构控制加热机构停止工作；当高强圆钢管的温度低于指定温度时，温度传感器通过导线将高强圆钢管的温度信息传递给控温机构，控温机构控制加热机构进行加热工作；高强圆钢管内的高强混凝土达到硬化状态时，终止对高强圆钢管的加热，拆除温度传感器、加热机构、保温机构；高强圆钢管恢复至施工环境温度，允许其恢复至施工环境温度，以使高圆钢管形成对核心高强混凝土的套箍约束力，解决了现有高强圆钢管混凝土柱由于内部高强混凝土的收缩效应、轴向压力的作用、结构服役期间外部温度变化、施工工艺不合理等因素，造成的圆钢管混凝土柱中钢管与混凝土的脱空问题，增加高强钢管混凝土柱的安全性和耐久性。本发明制作方法操作简单、适用性广、能源利用率高，采用相应方法制作的高强圆钢管混凝土柱具有安全可靠、承载力高、耐久性好的特点。

5.3　方案评价

本发明主动约束的高强圆钢管混凝土柱与现有的钢管混凝土柱相比有以下优点。

1. 克服了原系统的缺点

该系统在保证施工工艺的情况下，将高强混凝土灌注到高强的圆钢管中，当高强混凝土达到硬化状态时，终止对高强圆钢管加热，待其温度恢复到环境温度时，产生对高强混凝土的套箍约束力；该技术利用了钢管热膨胀系数较大的性质，在混凝土凝结硬化时间内使其膨胀，巧妙地消除后续钢管在环境温度升高后与混凝土出现脱空问题，以及混凝土的收缩问题。将有害资源加以利用。此外，在给高强钢管加热过程中还给高强混凝土提供较适宜的养护条件，增强了混凝土自身的早期强度，消减混凝土失水收缩问题；同时改良后的钢管混凝土柱能够充分利用混凝土的力学性能，提高整体结构的承载能力，如图 6-57、图 6-58 所示。

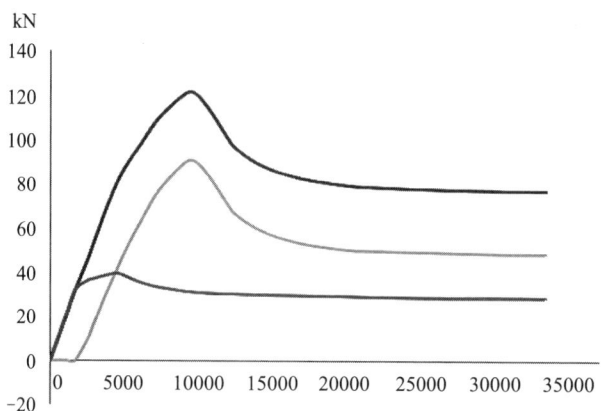

图 6-57　钢管混凝土柱力学性能图

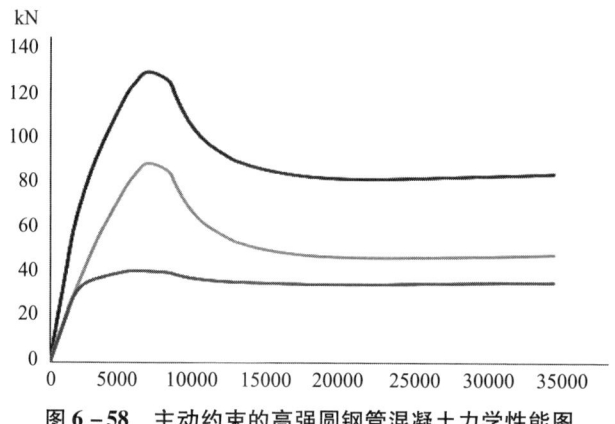

图 6-58　主动约束的高强圆钢管混凝土力学性能图

注：下端线代表混凝土力学性能；中间线代表钢管力学性能；上端线代表钢管混凝土柱结构整体力学性能。

2. 保留了原系统的优点

本发明专利新的技术系统，仍然是利用钢管混凝土柱的相互作用并将两者的相互作用加强，即钢管对混凝土提供约束，使混凝土处于三向受压状态，提高混凝土的强度、韧性和塑性，同时混凝土也使钢管强度得以充分发挥；此外，钢管还可以作为浇筑混凝土的模板，节省模板费用，省略了支模、拆模的工序，加快了施工速度。

3. 不会使原系统更复杂

主动约束的高强圆钢管混凝土柱的制作装置虽然增加了保温机构、加热机构、控温机构、温度传感器等一系列装置，但该装置只在钢管安装前进行使用，混凝土硬化后将该装置拆除，此外该装置不仅可以循环利用且成本较低，还能使高强圆钢管混凝土柱的整体性能得以提高。

4. 未产生新的缺点

本发明专利利用控温机构对钢管设置相应温度，并在钢管外侧安装若干温度传感器测量钢管温度，当高强混凝土硬化后，停止对钢管的加热，并进行保温处理，当高强混凝土硬化后，待钢管冷却至环境温度，产生对混凝土的较强套箍作用，该专利在利用高强钢管的热膨胀系数的同时还消除了混凝土收缩产生的脱空现象，从而提高了高强度圆钢管混凝土柱的承载力，并未产生新的缺陷。

后 记

　　衷心感谢我的博士生导师东北大学罗玲玲教授，是她引导我迈进科技创造方法论这块新的研究领域，并创造各种机会让我参与课题研究与实践，不仅提高了我的研究能力，还拓展了我的学术视野。特别是在本书的撰写过程中，倾注了恩师太多的智慧和心血。恩师宽厚的为人情怀、严谨的治学态度、勤奋的学术精神、广阔的知识视野是我一生的航标，时刻激励着我在人生道路上不断前进。我一直以在学术上、生活中能有这样的恩师陪伴而感到无比的幸福和骄傲！

　　感谢张晶、张嵩、张慧、王峰、赵新军、赵凯、王义等对本书撰写提供的大力支持和鼓励。感谢积极运用创新方法解决实际技术问题并参加创新方法大赛的团队。感谢本书中所有引文的作者，是他们为我提供了研究基础。

武青艳

2022 年 3 月